새 시대의 예언자

# 복자 알베리오네

S. 라메라 지음 | 박동옥 옮김

## Giacomo Alberione

**Stefano Lamera**
Tr. by **Park Dong-Ok**

Copyright © 1977 by Edizioni Paoline Milano, Italia
Korean translation copyright © 1981 by ST PAULS, Seoul, Korea

ST PAULS
20, Ohyeon-ro 7-gil, Gangbuk-gu, Seoul, Korea
Tel 02-944-8300, 02-986-1361  Fax 02-986-1365

국립중앙도서관 출판시도서목록(CIP)

(새 시대의 예언자)복자 알베리오네 / S. 라메라 지음 ;
박동옥 옮김. — 서울 : 성바오로, 2004
  p. ;   cm

ISBN 978-89-8015-550-7 03230
ISBN 89-8015-550-6 03230

238.2099-KDC4
282.092-DDC21          CIP2004002167

## 저자의 말

　복자 알베리오네의 업적은 전 세계 곳곳에서 사도직을 수행하고 있는 성바오로수도회와 성바오로딸수도회를 통하여 잘 알려져 있습니다. 교황 바오로 6세께서도 "우리 시대의 경탄할 일 중의 하나입니다."라고 서슴없이 말씀하심으로써 복자 알베리오네를 잘 알고 계심을 보여 주셨습니다.

　이 책은 복자 알베리오네의 생애와 업적, 특히 그분의 영혼 깊은 곳에서 반사되는 하느님의 은총의 신비를 잘 드러내 줍니다. 또한 이 시대를 우리와 함께 살아가면서 가장 위대한 사도직을 발전시키신 그분의 강인한 신앙과 의지를 잘 나타내 줍니다. 이 책을 쓴 동기도 바로 그것입니다.

　그분이 가장 사랑하신 분의 어머니이시며 스승이시고 여왕이신 거룩하신 마리아께 이 책을 드립니다.

# 머리말

알베리오네 신부님의 시성諡聖[1]을 위한 조사가 이미 시작되었습니다. 이 조사는 그분 생전의 업적과 저술과 말씀에 대한 것뿐 아니라 그분을 잘 알고 있는 사람들의 증언까지 필요한 방대한 일입니다.

1969년 6월 28일, 바오로 가족이 교황청 클레멘스 대강당에서 교황 바오로 6세 성하를 특별 알현하였습니다. 이때 교황께서 회원들에게 알베리오네 신부님에 대해서 하신 말씀은 시성을 위한 조사에 필요한 자료로 가장 좋은 증언 중 하나가 되리라고 봅니다. 그 말씀들 중에서 특히 알베리오네 신부님의 특징을 잘 나타내 주는 구절들을 뽑아 보겠습니다.

*알베리오네*

여러분과 늘 함께 계시고, 여러분에게서 영원히 떠나지 않으실 여러분 수도회의 설립자 야고보 알베리오네 신부님께 그리스도의 이름으로 감사와 함께 저의 축복을 드립니다.

---

[1] 야고보 알베리오네 신부는 1971년 11월 26일에 서거하셨고 2003년 4월 27일 교황 요한 바오로 2세로부터 시복되었다.

자, 바로 여기에 겸손하고 과묵하고 지칠 줄 모르며, 언제나 주의 깊고 침착하며, 모든 일을 기도로 시작하는 분이 계십니다. 그분은 시대의 표징에 민감하여 사람들의 내면 깊이 파고들 수 있는 새로운 수단을, 즉 현대에 상응하는 강력하고 광범위한 사도직 수단을 교회 안으로 들여왔습니다.

우리는 사랑하는 알베리오네 신부님이 긴 생애 동안 충실과 지치지 않는 항구함과 인내로써 얻으신 많은 결실에 대해 하느님의 영광과 교회의 유익을 생각하며 참으로 기뻐합니다.

### 알베리오네의 업적

이 자리에는 그분이 설립하신 바오로 가족이 모여 있습니다. 지금으로부터 50년 전에 이탈리아 알바에서 설립되어 이제는 로마에 본부를 두고 있는 성바오로수도회를 비롯하여, 그분은 여러 수도회를 세우셨습니다. 성바오로딸수도회와 스승 예수 제자 수녀회, 선한 목자 수녀회, 사도의 모후 수녀회, 그리고 성바오로수도회에 병설된 재속회로 예수 사제회, 대천사 가브리엘회, 성모영보회, 성바오로수도회의 협력자 단체가 있습니다. 뿌리가 같은 한 나무에 아홉 개의 꽃이 핀 것이라고 하겠습니다.[2]

이제 제가 여러분과 함께 바로 이 자리에서 여러분의 사도직을 되돌아보고, 여러분에게 축복을 드릴 수 있다는 것이 얼마나 기쁜 일입니까!

---

2) 알베리오네 신부 서거 후 그분이 생전에 큰 사랑과 깊은 숙고로 구성했던 성가정회가 발족을 보았다.

### 알베리오네의 사도직, 그리고 사도직의 확산

알베리오네 신부님의 모든 활동은 사도의 정신으로 사도직을 수행한다는 데에 목적을 두고 전개되었으며, 이것이 바로 활동의 특징이라고 하겠습니다. 그러므로 여러분의 사도직은 사회홍보수단을 통한 활동이지만, 그 안에는 교회 전례와 성소 활동, 모든 분야의 사람들에게 그리스도인이 지녀야 할 생명을 불어넣어 주는 사명도 포함됩니다.

여러분의 설립자께서는 새롭고 경이로운 매체를 통한 사도직으로 인류에 봉사한다는 데에 그 기초를 두셨으며, 바오로 가족은 바로 이 정신으로 살아가는 사람들입니다. 여러분은 출판, 라디오, 영화뿐 아니라 이제는 음반제작에도 손을 뻗치고 있습니다. 출판분야에서는 성서, 전례, 교리, 교회의 말씀을 우선 책으로 만들어 보급하며, 그 외에도 문학, 철학, 교양, 잡지 등 다양한 출판으로 특이한 목적을 달성하고 있습니다. 즉, 이 모든 것을 통해서 그리스도교적 사고방식의 기틀이 되는 말씀을 지리적인 경계를 초월하여 널리 전파하기 위해 여러분은 창의력을 모두 기울이고 있습니다.

여러분이 이미 세계 각 대륙의 많은 나라들에서 활동하고 있다는 것을 저는 알고 있습니다. 새로운 선교수단을 이용한 여러분의 사도직이 도처에서 여러분을 통하여 시작되고 계속되고 있는 것입니다.

# 차례

저자의 말 3
머리말 4

## 제1부_생애
알베리오네 신부의 어린 시절과 소명 11
새 사명의 준비와 시작 21
알려지는 알베리오네 신부 31
사회홍보수단의 사도직, 그 성공의 비결 38
앞으로 앞으로 60
천국에 가서도…… 68

## 제2부_업적
복음 전파를 위해 새로운 수단을 사용 75
바오로 가족의 창립(5개의 수도회와 4개의 재속회 및 협력자회) 85
바오로 가족의 발전과 복자 알베리오네의 행적 110

## 제3부_하느님 사람의 비결
성덕 안에서, 그리스도 안에서, 교회 안에서 137
길·진리·생명이신 스승 예수 158
그리스도께서 내 안에 사신다 183

## 생애 _제1부_

"그리스도를 통하여 그리스도와 함께 그리스도 안에서……"
(감사기도문에서)

"모든 것은 하느님의 영광과 모든 이의 구원을 위하여."
(복자 알베리오네)

## 알베리오네 신부의 어린 시절과 소명

### 어린 시절

"나의 어머니는 묵주기도의 성모님께 우리 형제 모두를 봉헌하셨습니다."

1956년, 이미 70 고령에 이른 알베리오네 신부님의 말씀이다.

복자 야고보 알베리오네는 1884년 4월 4일에 이탈리아 북쪽 쿠네오 지방의 작은 마을 포사노의 산로렌조에서 태어났다. 위로는 형들이 넷이나 있었고, 그의 집도 마을의 다른 집들처럼 농사를 지었다. 알베리오네는 태어날 때부터 몸이 아주 약했다. 그래서 신앙심이 돈독했던 그의 부모는 그가 세례를 받기도 전에 죽을까 봐 두려워서 태어난 바로 다음 날 유아세례를 받게 했다.

그는 어린 시절에 따로 특별한 신앙교육을 받

지는 않았다. 다만 근면하고 정직한 부모님의 열심한 신앙생활을 본받으면서 지낸 덕분에, 신앙은 그의 마음속 깊이 든든한 뿌리를 내렸다.

아침저녁으로 기도를 바치고 성당에서 미사에 참례하고 부지런히 일하는 하루의 일과 안에서 그의 신앙은 확고하고 순수하게 키워졌다. 이러한 기틀이 뒷날 그가 위대한 교육자나 선구자가 아니라 묵묵히 행동하는 실천가로서 훌륭한 모범을 보여서 영적 아들들이 자신을 전적으로 따르도록 만드는 매력의 원천이 되었다. 그는 바로 스승 예수께서 하신 것처럼 먼저 실천한 후에 가르쳤다(사도 1,1 참조).

### 어머니

알베리오네의 어머니는 섬세하고 연약한 그가 잘 자랄 수 있도록 늘 마음을 썼다. 음식에서부터 일하는 것까지 그의 건강이 나빠지지 않도록 특별히 배려하였다. 그러면서도 이러한 특별 배려가 그의 성장에 나쁜 영향을 끼치지 않게 하려고 그가 별로 좋아하지 않는 음식을 내놓는 등 여러 면으로 마음을 썼다.

어머니는 체구가 작고 가냘펐으며, 늘 상냥하면서도 강한 성격을 지녔다. 누구보다도 알베리오네를 사랑한 어머니는 그가 16살 때 알바의 신학교로 진학하기 위해 브라의 소신학교를 중단하고 잠시 쉬는 동안에도 일을 하도록 엄격하게 대했다.

신앙이 깊었던 어머니는 많은 자녀들 중에 하나만이라도 사제가 되기를 바랐다. 그래서 야고보가 소신학교를 지망하자, 어머니는 인간적 아쉬움을 전혀 느끼지 않고 오직 기쁜 마음으로 그 아들을 하느님께 바쳤다.

"네가 방학이 되어 집에 돌아올 때마다, 나는 네가 좀더 오래 있어 주기를 얼마나 바라는지 모른다. 하지만 너의 사제성소 때문에 15분 이상 머물러서는 안 된다면 나는 기쁜 마음으로 너를 보내겠다."

자신의 심정을 솔직히 드러낸 어머니의 말이다.

어머니에게 훌륭한 교육을 받은 알베리오네는 바오로 가족들에게 자신의 가족에 대한 올바른 사랑과 이탈을 가르치기 위해 이렇게 말했다.

"누가 나의 어머니이며 나의 형제이겠습니까? …… 하느님의 자녀들이 누리는 자유는 복됩니다. 나의 어머니이십니까? 모든 사람들과 같이 강론을 듣고 그것을 실천하십시오."

이 말씀은 예수께서 당신을 찾아온 성모님과 형제들에게 하신 말씀을 생각나게 한다. 온전히 산다는 것은 우선 복음 말씀을 따르는 것이다. 하느님의 뜻을 실천하는 사람이 내 어머니이고 형제이고 자매인 것이다.

알베리오네는 어머니가 돌아가신 다음에 이렇게 기록했다.

"어머니는 보잘것없는 농부의 아내로서 기도와 인내, 그리고 자녀들을 잘 키워야 한다는 것, 이 세 가지밖에 모르는 분이었습니다."

진리를 찾는 사람들은 그 어머니의 순박함에 찬사를 보내지 않을 수 없을 것이다.

## 초등학교 시절

야고보가 어른이 되고 나서도 기억하는 두 가지 일화가 있다. 야고보와 어머니의 모습을 잘 보여 주는 이야기들이다.

그가 여섯 살, 초등학교 1학년 때였다. 그는 담임이었던 여교사로시나 카르도나를 무척 따랐다. 어느 날 로시나 선생님이 80여 명이나 되는 학생들을 둘러보며 장래 희망이 무엇인지를 물었다. 철없는 개구쟁이들은 온갖 기발한 희망을 다 내놓았다. 그러나 "신부가 되겠다."는 말을 한 것은 야고보 혼자였다. 학생들도 선생님도 모두 놀라서 야고보를 바라보았다. 야고보는 훨씬 후에 그때의 기억을 더듬으며 이렇게 말했다.

"그것이 내가 신부가 되겠다고 생각한 최초의 순간이었다. 그때는 어떤 뚜렷한 신념이 있었다기보다는 그 생각이 어린 마음에 막연하게 떠올랐기 때문에 그렇게 말한 것뿐이다. 그날부터 학우들이나 형제들은 나를 꼬마 신부라고 부르기 시작했다. 대개는 놀리느라고……. 때로는 내게 의무감을 일깨워 주기 위해서……. 어떻든 그 결과는 좋았다. 나는 그때부터 공부, 기도, 행동, 심지어 노는 것까지도 신부가 되기 위해서라는 목표를 향하도록 했다. 가족들도 이러한 나의 장래 희망을 기뻐해 주었다. 또한 이 뚜렷한 목표는 많은 곤란을 극복하는 데 원동력이 되었고, 그때마다 주님께서 나의 이 결심을 더욱 굳혀 주신다는 것을 느꼈다. 훌륭하신 어머니의 도움이 큰 힘이 된 것은 물론이다. 어머니는 기도뿐 아니라 나의 불투명한 결심을 굳혀 주었고 언제나 용기를 북돋워 주었다. 또 잊을 수 없는 은인은 그 여선생님이다. 신앙이 깊은 그 선생님은 자신이 가르치는 많은 학생들 중에서 한 사람이라도 신부가 되게 해달라고 늘 기도하셨다. 그분들께 하느님의 축복이 충만하기를 진심으로 기도하고 있다."

두 번째 이야기도 그의 성소聖召와 관련된 것으로 그의 순박함과 깊은 신앙심을 엿볼 수 있다.

"내가 아홉 살 되던 해이다. 학교에서 성적표를 받자마자 나는 급히 집으로 달려왔다. 우수한 성적을 엄마에게 빨리 보여 드리고 싶어서였다. 그러나 '엄마, 일등했어요!'라고 소리 지르던 나는 얼른 입을 다물었다. 내가 일등을 하면 묵주기도의 성모님께 바칠 예쁜 초를 사 주겠다고 하신 어머니의 약속도 이야기할 수가 없었다. 어머니의 눈을 보자 어린 마음에도 우쭐거리는 것이 얼마나 부끄러운 일인지를 느꼈기 때문이다. 그러나 어머니는 약속을 잊지 않으셨다. 어머니는 '어서 성모님께 초를 바쳐라.'라고 하면서 큰 동전을 주셨다. 나는 기쁨과 부끄러움으로 얼굴이 붉어진 채 급히 밖으로 뛰어 나갔다."

## 신학교 생활

야고보는 어린 시절부터 하느님에 관한 것이면 무엇이든지 열심히 했다. 이러한 열심은 다른 친구들보다 훨씬 빠른 여덟 살에 첫영성체를 할 수 있는 은혜를 받게 했다. 야고보를 기특히 여긴 본당신부가 그 시대의 관습을 깨뜨리는 특전을 베풀었기 때문이다.

야고보는 가난한 사람들에 대한 동정심이 많았다. 가까운 동네의 가난한 사람들뿐 아니라 아프리카나 아시아의 불행한 어린이들, 특히 하느님을 모르는 어린이들이 많다는 이야기를 듣고 난 후부터는 이들을 위해 특별히 기도하면서 적은 용돈이지만 저축하기 시작했다. 그리고 선교사들의 전기를 열심히 읽었다. 이때부터 그의 어린 마음 안에는 일생을 모두 바치고자 하는 뜨거운 선교열이 불타오르기 시작한 것이다.

그 시절에 넉넉한 생활을 할 수 없던 농촌에서 자녀를 신학교에 보낸다는 것은 쉬운 일이 아니었다. 그러나 아버지는 용단을 내려 야고보를 브라의 소신학교에 입학시켰다. 야고보는 4년 동안 온갖 난관을 이겨내면서 열심히 공부했다. 심각한 위기에 부딪쳐 졸업을 앞두고 4월부터 10월까지 휴학을 한 적도 있었다. 경제적인 문제가 아니었다. 알베리오네는 그 당시를 이렇게 회고했다.

"악의 열매가 어떤 책을 만드는지 알게 되었다. …… 성모님께서 나를 구해 주셨다."

그 위기는 영성생활의 메마름에서 빚어진 것이었다. 나쁘다는 생각도 별로 없이 친구들에게서 빌려 책상 밑에 숨겨 놓고 몰래 읽은 책들이 그러한 영향을 미친 것이다. 그러나 이러한 체험도 앞으로 사회홍보수단을 통한 사도직에 헌신할 그를 생각해 볼 때 하느님의 섭리였음을 느끼게 된다.

1900년 10월에 야고보는 대부代父인 작은아버지의 경제적인 도움을 받아 알바 신학교에 입학하였다. 이때 아버지가 그를 우마차에 태워 학교까지 데려다 주었는데, 이 때문에 학생들은 야고보를 두고 '소를 타고 공부하러 오는 아이'라고 놀렸다. 그러나 재치가 있던 야고보는 "소가 내 책을 먹어 버리지 않는 한, 나는 우마차를 계속 탈 거야."라는 응수로 그들의 조롱을 막아 버렸다.

알바 신학교는 야고보 생애의 터전을 닦아 준 요람이었다. 야고보는 그곳에서 그의 삶에 큰 빛을 던져 줄 영성지도자 프란치스코 키에사 신부를 만났다. 알바의 주교좌 성당 주임신부로서 신학교 영성지도를 맡았던 키에사 신부는 뛰어난 인물이었다. 야고보는 망설임 없이 그를 사제의 모범으로 삼아 자신의 모든 것을 내맡기고 그의 지도를 따랐다. 키에사 신부도 야고보의 비범함을 알아보았다. 키에사 신부는 야고보의 영성생활의 첫 단계부터 시작하여 하느님의 뜻이 어떻게 드러나고, 또 그것을 어떻게 수행해야 열매를 맺을 수 있는지에 이르기까지 지혜롭게 그를 인도해 주었다.

알바 신학교 입학은 야고보의 사제성소를 한층 더 굳혀 주었고, 그에 따른 놀라운 진보를 가져다 주었다. 그는 열심히 학업에 임했으며, 그때부터 고개를 들기 시작하는 사회문제에 대해서도 민감하게 느끼고 적극적인 자세로 부딪쳐 나갔다. 이러한 자세는 동료들 사이에 인기를 끌지 않을 수 없었다. 장상들에게도 언제나 솔직하고 단순한 태도를 보였기 때문에 사랑을 받았다. 1907년 6월 29일 밤, 야고보는 드디어 알바 교구의 프란치스코 레 주교에게서 사제품을 받았다.

### 결정적인 밤

야고보는 하느님께 자신을 온전히 바쳐 드리기로 특별한 결심을 했다. 이 결심은 평생 잊을 수 없는 특별한 밤을 체험한 뒤에 이루어진 것이다.

19세기에서 20세기로 옮겨지는 역사적인 밤이었다. 그 밤은 전 세계가 틀림없이 놀라운 변모를 가져다 줄 새로운 세기를 침묵과 긴장 속에서 숨가쁘게 기다리던 때였다. 교회도 이 새로운 세기를 주시하고 있었다. 교회의 동맥인 알바 신학교 안에서도 그 특별한 밤을 그대로 보내진 않았다. 알바 대성당 제대에는 성체가 현시되었고, 모든 신학생들에게는 특별히 철야기도를 할 수 있는 자유가 주어졌다.

그때, 야고보는 알바 신학교에 들어간 지 몇 개월밖에 되지 않았을 뿐 아니라 16세의 어린 나이였으므로 모든 것이 낯설고 어리둥절하기만 했다. 그러나 성체 앞에 무릎을 꿇자 완전히 기도 안으로 빠져 들어갔다. 그는 4시간 동안 성체 앞에서 움직이지 않았다. 이 결정적인 밤의 이야기를 그의 입을 통해서 들어보자.

"지금 우리가 살고 있는 때를 금세기와 전세기로 나눈 그 밤이야말로 바오로 가족이 탄생하고 계속 성장해 나갈 기틀이 되는 은총의 때였다. 그 밤, 나는 성체 안에서 바오로회의 특수한 정신과 사명, 바오로회를 끝까지 이끌고 나갈 생명을 받았다. 그때 내 마음은 성체방문을 하기 전부터 어떤 감동으로 충만해 있었다. 그날은 역사적인 순간이었기 때문에 회합이 많았는데, 나도 어떤 회합에 참석했다가 훌륭한 강연을 들은 것이다. 연사 토니올로는 열심한 신자이며 유명한 사회학자였는데, 그의 건전한 사상은 현 시대가 요구하고 또 교회가 바라는 정곡을 꿰뚫고 있었다. 나는 이미 교황 레오 13세께서 새로운 세기를 맞이하여 발표하신 회칙을 통독하고 교황님의 말씀에 깊이 공감하고 있던 터였으므로, 토니올로의 조용하지만 열의에 찬 연설 내용을 더 깊이 알아들을 수 있었다. 레오 13세는 기도로써 새로운 세기를 맞이하자고 하시며 모든 신자들에게 이렇게 간청하셨다. '이제 새로운 세기가 우리를 덮쳐올 것이다. 그러므로 우리는 투철한 사명감을 가지고 악덕 출판물들을 물리치지 않으면 안 된다. 부도덕하고 무신론적인 방송이나 출판에는 신앙적이고 도덕적인 방송과 출판으로 맞서고, 사회를 타락케 하는 비도덕적인 조직 역시 신앙과 도덕으로 무장한 강력한 조직으로 맞서야 한다. 그리고 무엇보다도 대중 속에 하느님의 말씀, 곧 성서를 침투시켜야 한다.' 이렇듯 간절한 레오 13세의 호소는 토니올로의 설득력 있는 강연을 통해서 거듭되고 있었다.

이 회합을 끝내고 자정미사에 참례한 나의 마음속에는 그 말씀들이야말로 내가 수행해야 할 것이라는 감동으로 쿵쿵 울리고 있었다. 그러므로 그 밤에 성체 앞에서 바친 기도는 그만큼 더 열렬했고, 따라서 큰 빛을 받을 수 있었다. 나는 그때 내게 비친 빛이 주님의 소명임을 확신했다.

'너희는 내게로 오라. 모두들 내게로 오라. ……'

교황님의 호소는 마음속에 바로 나의 것으로 자리잡았다. 그리고 그것이 내게는 교회의 부름, 사제로서의 참 소명召命을 분명히 깨닫게 했다. 현 시대가 사도들에게 요구하는 임무야말로 지금 적들이 교회와 신앙을 말살하려고 사용하는 방법과 수단을 간파하고, 바로 그와 똑같은 방법과 수단으로 그 적들을 쫓아내는 일이라는 토니올로의 말의 의미도 분명하게 깨달을 수 있었다.

나는 그때 새 세기를 살아갈 사람들과 주님을 위해서 무엇인가 해야 한다는 의무감을 무겁게 의식했다. 그와 함께 나의 무능과 나약함도 느껴야 했지만, 한편으론 '나는 세상 끝날까지 너와 함께 있겠노라.' 라고 하신 말씀을 성체로부터 직접 들을 수 있었다. 성체 안에 계신 예수께서 빛과 힘을 주실 것이기에 어떤 악의 힘 앞에서도 승리할 수 있다는 확신과 자신감이 생겼다. 그리고 토니올로가 되풀이해서 강조해마지 않던 말, 곧 '뭉쳐야 합니다. 여러분이 혼자 있을 때 적은 여러분을 쓰러뜨릴 것입니다.' 라는 말이 이제 실현되어야 할 때인 것처럼 여겨졌다. 마음이 너그럽고 뜻을 같이할 수 있는 사람들이 모여 바로 그 말을 실현할 때가 온 것 같았다. 그러나 그것은 성체로부터 시작해야 하는 일임을 굳게 확신했다. 우리는 성체 안에서만 뭉칠 수 있으리라는 신념이 굳어졌다.

대미사 후 4시간에 걸친 기도에서도 새로운 세기는 그리스도의 성체로부터 시작해야 한다는 것, 사도들은 그리스도교적 사랑으로 교육, 문학, 풍습을 되살려야 한다는 것을 느꼈다. 교회에는 열렬하고 새로운 정신으로 가득 찬 사도들이 필요하다. 새 시대를 새로운 방법으로 이끌어 나갈 사도들이 필요하다. 프란치스코 키에사 신부가 열의를 갖고 설명해 주던 교황 레오 13세의 교서들의 가르침을, 특히 사회문제와 교회의 자유문제를 사회가 받아들이도록 만들 사도들이 필요하다. 성체와 성서, 교황의 교서와 새로운 세기……. 특히 마음속에 깊이 새겨지는 것은 새로운 정신을 가진 사도들이 교회에 꼭 필요하다는 점이었다.

 이러한 생각은 그 후 나의 사고思考를 이끌어 가는 구심점이 되었다. 나는 기도를 할 때에도 영적 계획을 세울 때에도 이 생각을 앞세웠다.

 교회에 봉사하고 새 시대를 살아갈 사람들에게 봉사하는 주님의 사업을 하는 것은 나의 피할 수 없는 의무로 보였다. 그러나 이 생각은 막연하기 짝이 없었다. 기다림이 필요했다. 시간이 흐르면서 이 생각은 뚜렷해지고 어떤 윤곽을 잡을 수 있게 되었다."

## 새 사명의 준비와 시작

*준비*

앞의 이야기로 기본적인 방향은 충분히 설명되었다고 본다. 알베리오네는 그 결정적인 밤을 보낸 이후 14년 동안 오직 기도에만 충실하면서 무엇인가 이루어질 때를 기다렸다. 이 기도야말로 중요한 준비였다. 그리고 이 기도는 막연한 기도가 아니라 특수한 사명을 받았음을 확신하는 사람의 기도였다. 또한 많은 사람들을 이끌어 갈 큰 빛을 구하는 기도이고 자신이 꼭 수행해야 할 과업을 실현하기 위한 기도였다.

알베리오네는 또한 사회를 혼란스럽게 만드는 프리메이슨 비밀결사회, 마르크스의 사회주의론, 그 밖의 여러 현대주의 사조와 맞서기 위하여 사회학 연구와 다른 학업에도 열중했다. 기도하고 연구하는 자세는 알베리오네의 일생 동안 항구하게 계속되었다. 그가 신학생 때 "성덕聖德은 어떤 지점에 안주하여 평화를 누리는 것이 아니라, 오히려 계속되는 투쟁일 뿐이다."라는 구절을 보았는데, 이것이 바로 그의 평생 신조가 되었다고 할 수 있다.

*말씀에 대한 사랑*

장차 성바오로수도회를 설립하게 될 그의 마음을 가득 채운 내적 빛은 사실 많은 사람들이 무심코 스쳐 지나간 성서에서 얻은 것이다. '하느님의 책이면서 인류의 책'인 성서를 많은 이들이 잘 모른다고 하면 항의해 올 사람이 있을지 모르겠지만, 하느님의 말씀을 진심으로 사랑하고 올바로 알아듣는 사람이 과연 얼마나 될까? 성서를 읽은 사람들은 많다. 그리고 그저 읽으면 된다고 생각하는 사람들도 많을 것이다. 실제로 많은 사람들이, 심지어는 수도자나 성직자들까지도 성서를 그저 습관적으로 읽어 버린다. 그러하기 때문에 입으로는 한 구절 한 구절 큰소리로 읽어 나가지만 마음은 굳게 닫혀 있어서, 삶을 혁신할 수 있는 큰 힘이 성서 안에 들어 있어도 쓸모가 없어지고 만다. 그러기에 우리는 자신을 그리스도인이라고 내세우지만 정신은 여전히 이방인으로 남아 있어서 그리스도야말로 우리의 중심이요 생명의 원천이며 삶의 목적임을 잊고 있는 것이다. 그리스도는 교육을 많이 받지 못하셨고 비천한 직업을 가지신 분이었지만, 학식이 많은 학자나 박사 할 것 없이 모든 그리스도인에게 진리의 원천이 되신다.

그러므로 현대의 사도들은 모든 사람들을 생각해야 한다. 출판을 할 때에도 지성인, 무지한 이들, 특히 가난하지만 마음이 열려 있는 이들, 오류에 물들어 있는 이들 모두를 위해 다양하게 만들어야 한다.

1906년 6월 30일은 알베리오네가 22세의 청년으로서 부제품을 받은 다음 날이었다. 그날 그는 '특별한 빛'이라고 할 수 있는 새로운 발견을 하였다. 즉, 그리스도는 길이요 진리요 생명이시며, 그는 그리스도와 함께 살아가야 한다는 것이다. 이것이 그의 삶에서 기저를 이루는 중요한 사상이 되었다.

"그리스도는 길이요 진리요 생명이시다."

이 말씀이야말로 그의 영성생활, 앞으로 이룩해 나갈 모든 사도직 활동의 기초와 주축을 이루는 길이 되었다.

### 열결한 활동

어린 시절부터 부지런하고 의무에 충실하던 알베리오네는 사제가 된 뒤에 더욱 부지런하고 충실하여 주위 사람들을 감탄케 하였다. 여기서는 그의 행적을 자세히 이야기하기보다는 요점만 들어 이야기해 보겠다.

알베리오네는 1908년에 박사학위 과정을 밟으면서 강의를 시작하였다(이때부터 그의 명칭은 신학박사로 자연스럽게 바뀌었다). 그는 알바 신학교에서 교회사와 역사를 강의하면서 영성지도 신부도 겸하였다. 그러던 중 1913년 9월 8일에 비로소 그는 그토록 염원하던 첫 걸음을 떼어 놓았다. 알바 교구의 주간지 「가제타 알바」(Gazzetta d'Alba)의 편집을 맡게 되고 동시에 교구 내의 교리교육 책임자로 임명된 것이다. 그는 레 주교에게서 임명을 받던 때를 다음과 같이 회고했다.

"이 중요한 직책은 9월 8일 복되신 동정 마리아 탄신 축일을 맞아 모레타 성당에서 특별 미사를 봉헌한 직후에 주어졌다. 레 주교님도 참석하신 그 미사에서 나는 성모님의 사명에 대해 강론을 하였다. 성모님은 예수님을 탄생케 하심으로써 이 세상에 그리스도를 주신 거룩한 어머니이시며, 우리 모든 신자들은 바로 이 성모님의 거룩한 모성적 사명을 이어받아 그분처럼 이 세상에 그리스도를 전해 주어야 한다고 열정을 다해 강론한 것을 지금도 기억한다. 주교님은 그 미사가 끝나자마자 나를 부르시더니 '당신에게 아주 중요한 사명을 맡겨야 하겠소.'라는 말씀으로 갑작스럽게 새로운 임무를 주셨다. 그리고 어리둥절해 있는 내게 그 자리에서 교구 출판 사정과 경영방법까지 상세하게 설명해 주셨다. 레 주교님은 그 이후 20여 년 동안 지혜롭고 현명한 지도자, 사랑에 찬 격려자로 늘 내 곁에 머물러 계셨다."

"바로 이것이 그리스도 안에서 교회 안에서 스승이며 길이다."

그 즈음 몇 년 동안 잊을 수 없는 역사적인 사건들이 많이 일어났다. 그 중 한 가지만 얘기해 보겠다.

1908년이었다. 알베리오네가 쿠네오에서 가까운 나르촐레 본당에서 잠깐이었지만 보좌신부로 있을 때였다. 그 본당에는 요셉 자카르도라는 열심한 소년이 있었다. 그 소년은 사제가 되기를 열망하였으나 가난한 집안 사정 때문에 신학교 입학은 생각하지도 못했다. 이 사실을 알게 된 알베리오네는 즉시 그 소년이 알바 신학교에 갈 수 있도록 주선해 주었다.

바로 이 소년이 성바오로수도회의 첫 사제요 어린 지원자들의 스승이 될 인물이었다. 그는 성바오로수도회가 로마에 첫 지부를 설립할 때 눈부시게 활동했으며, 로마 지부(현 성바오로수도회 본부) 원장으로서, 또 부총장으로서 알베리오네의 훌륭한 협조자가 되었다. 그의 특징은 무엇보다도 겸손하고 순명하는 사람이라는 데 있었다. 사회홍보수단의 사도로서 철저하게 살아간 그를 가리켜 알베리오네는 '충실한 종들 중에 가장 충실한 종'이라고 칭찬을 아끼지 않았다.

### 새 사명에 대한 내적 정화

사제품을 받은 지 2년째 되던 해에 알베리오네는 다시 한번 커다란 내적 영감을 받았다. 1900년의 그 역사적인 밤에 받은 영감은 사도로서 사명감이 투철한 기성작가, 홍보 종사자, 출판업자들로 이루어진 평신도들의 단체를 만드는 것이었다. 그런데 이번에 새롭게 받은 영감은 이러한 단체의 활동만으로는 미흡하며, 따라서 자기의 삶을 온전히 바칠 수도자들로 사회홍보수단의 사도를 양성해야 한다는 것이었다.

"온 마음과 온 힘과 온 정성으로 오로지 하느님만을 사랑하는 사람들이 모여 교회와 하느님께서 내려 주실 보상만을 생각하며 일하는 조직이라야 한다. 인간적인 보수나 보상은 조금도 바라지 않고 오직 '하느님이 나의 전부이시다.'라고 외칠 수 있는 이들의 조직이어야 한다!"

### 하느님 업적의 시작

1914년 7월에 알베리오네는 알바의 케라스카 광장 근처에 있는 집을 세내었다. 그리고 인쇄기 한 대와 꼭 필요한 가구를 사들인 다음, 8월 20일에 드디어 '인쇄기술학교'라는 명칭으로 세상을 향해 그 첫발을 내디뎠다. 그때는 바로 제1차 세계대전이 터진 지 얼마 안 되어 숨가쁜 고비를 넘어가는 난관의 절정기였고, 8월 20일은 성 베르나르도의 축일이면서 교황 비오 10세가 서거한 슬픔의 날이기도 했다. 그러나 알베리오네는 불굴의 의지로 바로 이날을 택하여 성바오로수도회가 자라날 작은 씨앗 중에서도 제일 작은 겨자씨를 뿌렸다.

　학생 수는 모두 스물 둘이었고, 거기에 교사 두 명과 인쇄기술자 네 명이 이 학교를 이끌어 나갈 총인원이었으며, 스승은 프리모 마에스트로(첫 스승이란 뜻, 바오로 회원들은 알베리오네를 늘 이렇게 불렀다) 혼자였다. 첫날은 집과 기계를 축성하였다.

### 협력자 양성

　복자 알베리오네는 신중하게, 절대 서두르는 일 없이 놀라운 인내로 수도회의 기반을 닦아 나갔다. 우선 그는 이 사도직 활동을 도와줄 협력자를 양성할 필요성을 느끼고 서서히 준비했다. 그리고 회원 선발은 이미 준비된 인재를 택하는 것이 아니라 요한 보스코 성인의 방식을 따라 어린 소년들을 처음부터 사도로 양성하는 방법을 택했다. 성소가 있는 소년들을 뽑아 사회홍보수단의 사도로 양성하고 그들의 손으로 신문과 서적을 출판하고 보급하고자 한 것이다. 점차로 그리스도교 정신이 약화되어 가는 사회 안에 강력하고 새로운 그리스도교 정신을 뿌리박기 위해서……

　알베리오네는 예수께서 제자들을 뽑으시어 교육하신 것처럼, 하느님의 뜻을 실현하겠다는 같은 마음을 가진 동료들을 찾아내고 교육하기로 생각을 굳혔다. 알베리오네는 이 생각을 실천에 옮기기 전에 며칠 동안 기도했다. 그에게는 뜻을 같이할 동료가 가장 필요했다. 그러나 누가 그와 함께 기꺼이 일을 하고 싶어할 것인가? 이 새로운 사업을 위해 함께 기도하고, 필요하면 생명까지 기꺼이 내어놓을 참된 동료가 필요했다. 이 사업은 활동 자체보다는 사람을 구원하겠다는 뜨거운 열정을 지니는 것이 중요했고 또 필요했다.

한편, 인쇄기술학교는 비록 초라한 모습이었지만, 소년들은 그곳에서 기술뿐 아니라 이 세상에서 영원을 향해 자유롭게 살아 나가는 신앙적인 자세까지 배웠다. 알베리오네는 특히 관대한 희생정신이 몸에 배어 있는 사람이었다. 그는 매일의 일과에서 쉬운 일보다는 어려운 일을 택하고, 사소한 것이라도 기회를 놓치지 않고 희생해야 한다고 생각했을 뿐만 아니라 몸소 그렇게 실천하였다. 그는 참된 진리를 살아갈 줄 아는 사람은 노력 없이 하루아침에 되는 것이 아니라, 인내와 신뢰를 가지고 노력하는 가운데 조금씩 이루어지는 것임을 알고 있었다.

### 그를 따른 사람들

인간의 능력이나 노력만으로 어떤 일을 성취하는 것은 어려운 일이다. 더욱이 하느님의 일을 성취하기 위해서는 뜻을 함께하는 이들의 일치된 기도가 앞서야 한다. 알베리오네는 입버릇처럼 말하곤 했다.

"아무리 작은 일이라도 성공적으로 활기차게 해 나가기 위해서는 먼저 기도하고 희생할 줄 아는 사람들을 모을 수 있어야 한다."

알베리오네는 이런 규정도 내세웠다.

"바오로 가족에게는 꼭 순명해야 할 두 가지 조건이 주어진다. 첫째는 영성지도신부의 확인을 받은 성체에서 오는 영감을 따라야 한다는 것이고, 다음은 교회 어른들의 원의를 따라야 한다는 것이다."

이를테면 모든 것 안에서 하느님의 뜻을 보고 그대로 실천해야 한다는 것이다. 사실 성바오로수도회를 설립할 때 반대자도 많았고, 방해되는 장애도 한두 가지가 아니었다. 그러나 그것이 하느님의 사업이기 때문에 꼭 해야 하고, 또 이 사업은 세상 끝까지 퍼져 나갈 것이라는 굳은 신념을 지닌 알베리오네는 흔들리지 않았다.

"성바오로수도회의 첫 제자들은 오직 하느님께 의탁하는 신앙과 사랑만으로 살았다."

### 역사적인 날

인쇄기술학교를 시작한 지 3년이 되는 1917년 복되신 동정 마리아의 원죄 없으신 잉태 대축일에 큰 경사가 있었다. 기술을 배우던 학생 중 네 명이 하느님께 완전히 자신을 봉헌할 것을 서약하는 수도서원을 한 것이다. 성바오로수도회의 설립자 알베리오네는 그들의 서원을 받아들이는 예식에서 이렇게 말했다.

"지금 이 자리에는 네 사람만 있지만, 또 한 사람이 바로 이 시각에 노바라(이탈리아 북쪽 도시)에서 우리와 똑같은 지향으로 하느님께 서약을 발하고 있습니다. 그는 군복무 중이기 때문에 오늘 이 자리에 참석하지 못한 것입니다. 오늘은 우리에게 실로 역사적인 날입니다. 단 네 사람뿐이지만 이 숫자는 별 문제가 되지 않습니다. 예수회와 같은 대수도회도 창설 당시 몽마르트에서 행한 첫 서원식 때는 네 사람이 서원을 했습니다."

실제로 성바오로수도회는 이날 적은 수의 회원으로 출발하였지만, 나중에는 큰 무리를 이루어 전 세계로 퍼져 나가기에 이르렀다.

"하지만 모든 것이 물 흐르듯 순조롭게 이루어지리라고 믿어서는 안 됩니다. 오히려……."

## 시련

그 이듬해인 1918년, 알베리오네 신부에게도 징집영장이 발부되었다. 수단 대신 사복 한 벌을 빌려 입고 신체검사장에 간 그는 안도의 미소를 띠고서 돌아왔다. 군복무를 면제받은 것이다. 그가 군대에 입대하게 되었다면 막 첫걸음을 내딛기 시작한 바오로 가족은 어떻게 되었을까? 그의 굽힐 줄 모르는 신앙과 신뢰에 대한 보상으로 그리스도께서 모든 일이 잘 이루어지도록 이끌어 주심을 여기서도 볼 수 있다.

그 해 성탄절 밤이었다. 그는 난로 과열로 불이 나서 인쇄기술학교와 그 안의 기계를 모두 태우는 재난을 당하고 말았다. 돈으로 따져 보면 타버린 재산은 별것 아니었지만, 알베리오네에게는 전 재산을 몽땅 잃어버린 것이나 다름없는 치명적인 변고였다. 그의 사업을 이해해 주는 사람들이 적어 쉽사리 누구에게 도움을 청할 형편이 아니었다. 게다가 건강까지 좋지 않은 그는 복구작업에 나섰다가 두 번씩이나 졸도를 하고 무릎을 다치는 등 어려움이 많았다. 그러나 그는 굴하지 않았다. 오히려 이렇게 말했다.

"소죄 한 번을 범하는 것보다 이런 재난을 당하는 것이 더 낫다."

사실 인간의 눈으로 볼 때, 이런 재난은 그동안 쌓아 온 공든 탑이 하룻밤 사이에 무너져 버린 것이라고 볼 수밖에 없다. 하지만 하느님을 믿는 사람에게는 가장 큰 불행이란 죄뿐이다. 외적 재난은 오히려 은총인 것이다. 오로지 하느님께만 신뢰하고 맡기는 기회가 되기 때문이다. 알베리오네는 시련이 닥치면 신뢰를 갖고 기다려야 한다는 것을 알았다.

"사람이 늘 지혜로울 수는 없다. 그러므로 주님께서는 당신 종에게 일을 맡기시며 실수할 기회도 주신다. 그래서 실수나 잘못을 스스로 깨달아 보상할 수 있게 해주신다."

그는 '눈 뜬 장님'이라든가 '현세에서나 후세에서나 당신의 종'이라는 말을 자주 사용했다. 또한 "하느님께서 빛과 승리를 주실 것이다. 그래서 우리의 삶은 비참함에서 영광으로 옮겨질 것이다."라는 말도 즐겨 하곤 했다.

"모든 것은 하느님에게서 오며 우리를 마니피캇의 정신으로 이끌어간다."

## 알려지는 알베리오네 신부

초창기는 가난과 고통의 연속이었다. 사업에 대한 전망은 어두웠고, 누구 하나 동조해 주는 사람도 없었다. 이에 회의와 실망을 느낀다고 고백하는 회원들에게 알베리오네는 이런 대답을 해주었다.

"사람들은 10이라는 수를 아무 생각 없이 받아들입니다. 그러나 10이 되기까지는 하나에서 아홉까지의 수들이 있어야 하고 그 수들이 쌓이는 과정이 필요합니다. 여러분은 자신이 하는 작은 일 한 가지 한 가지를 새롭게 보고 그 가치를 발견해야 합니다."

그의 인내와 신뢰가 얼마나 확고하고 또 지혜로운가를 잘 보여 주는 말이다. 바오로 가족이 현재는 이렇게 비참하지만 머지않아 전 세계를 향해 발전하리라고 굳게 믿으면서 모든 것을 하느님께 온전히 맡겼던 초창기를 알베리오네는 잊지 않았다.

복자 자카르도는 그와 함께 사는 동안 끊임없이 들어오던 말을 이렇게 기록했다.

"하느님의 사업은 금전이 아니라, 기도와 하느님께 대한 신뢰로 시작해야 합니다. 하느님을 신뢰하십시오, 그리고 전진하십시오. …… 만일 금전으로 시작한다면 그것은 가짜입니다."

오늘날처럼 물질에 농락당하고 있는 세태에서는 이해하기 어려운 말이다. 또 그는 "우리가 빚을 져야 한다는 것은 원칙으로 정해져 있다."라는 말을 자주 했으며, 그 때문에 회원들 사이에는 이런 농담이 유행했다.

"알베리오네 신부님이 돌아가시면 그분의 손에 로사리오와 성서뿐만 아니라 지불 청구서까지 쥐어 드려야겠습니다."

알베리오네는 이런 농담을 즐거워했다. 그러나 다음과 같이 분명히 말했다.

"그렇다고 내가 지불 청구서를 좋아하는 것은 아닙니다. 될 수 있으면 피해야 합니다. 그리고 최소한 3년 내지 5년 안에 갚을 수 있어야 하며, 그 한계를 넘지 말아야 합니다."

그는 아무리 곤란한 상황에 부딪쳐도 남에 대한 정의와 애덕을 거스르지는 않았다.

### 특별한 어음

하느님 안에서 사는 사람들은 어느 때 어느 환경에서나 하느님의 말씀을 만나며, 어느 일 앞에서나 자신의 책임과 의무가 무엇이고, 그것이 무엇을 요구하는지를 식별할 줄 안다.

알베리오네는 수도회 초창기에 어음을 많이 사용했다. 얼마 전에 오래된 책에서 우연히 어음 하나가 발견됐는데, 색이 노랗게 바래 있었다. 그 어음이야말로 바오로 가족이 초창기에 겪어야 했던 경제적인 곤란을 잘 보여 주는 것이다. 알베리오네는 은인들에게 돈을 빌릴 때마다 특유의 어음을 작성해서 주었다. 어음의 모양은 이러했다. 첫머리에는 "너희는 먼저 하느님의 나라와 하느님께서 의롭게 여기시는 것을 구하여라."라는 성서 구절이 씌어 있고, 그 밑에는 알베리오네와 자카르도의 서명이 있었다. 그리고 또 "이외의 모든 것은 덤으로 주시리라."는 알베리오네의 말이 추가로 적혀 있었고, 끝으로 "예수 그리스도 – 성부 – 성령"이라는 말이 씌어 있었다.

  믿음이 없는 눈으로 볼 때는 이런 것이 어린아이의 장난처럼 보일지도 모른다. 그러나 이러한 단순성, 이렇게 절대적으로 신뢰하는 자세를 우리는 어디서 또 찾아볼 수 있겠는가! 하느님의 말씀에 모든 기초를 두는 신앙의 위대함을 느낄 수 있다. 이 어음이야말로 하느님과 바오로 가족을 맺어 주는 거룩한 계약인 셈이다. 하느님은 당신 종의 신뢰를 헛되이 저버리지 않으셨다. 알베리오네는 깊은 신앙 위에 세워진 강한 의지와 열정과 창의력으로, 그리고 거기에 더해진 하느님의 섭리에 따른 도움으로 어려운 시기를 잘 극복해 낼 수 있었다. 돈이 꼭 필요하다든지, 어떤 수사가 아프다든지, 또 아쉬운 것이 있다든지 해서 알베리오네가 기도하면 하느님은 그것을 들어 주셨다. 제2차 세계대전 때는 모든 바오로 가족 회원이 한 사람도 다치는 일이 없게 해달라는 청원까지 하느님은 들어 주셨다. 알베리오네가 하느님의 성실하심을 믿고 온전히 의탁했기 때문이다. 그가 하느님의 사랑을 거스른다거나 불신하는 일이 조금도 없었기 때문이다.

## 근면한 일꾼

  하느님께 대한 알베리오네의 신뢰는 대단했지만, 그렇다고 그가 두 손을 모으고 앉아 기도만 드린 것은 아니었다. 그는 피로를 모르는 일꾼이었다. '일을 바꾸는 것이 바로 휴식'이라고 말하곤 하던 그는 실제로 그러한 삶을 살았다. 그의 가장 빛나는 업적은 노동에 가치를 부여했다는 점이다. 그는 노동을 이렇게 정의했다.

"노동은 정신적인 것이든 육체적인 것이든 전심전력으로 해야 하며, 청빈을 지키는 수도자는 더욱 그러해야 합니다. 수도자에게 노동이란 빵을 얻기 위해 의무적으로 해야 하는 것이며, 사회적인 면에서도 중대한 의무입니다. 노동은 겸손과 건강을 얻기 위해서, 또 게으름과 분심잡념을 없애고 그리스도를 모방하기 위해서 긴요한 수단입니다."

이처럼 노동의 가치를 중요시한 그는 일을 하지 않고 시간을 낭비하는 것이 곧 죄라고 보았다. 그는 수도회 회람에서 다음과 같이 말했다.

"출판에 종사하는 사도들에게는 여러 가지 노동을 해야 할 기회가 많을 것입니다. 그러나 어떤 장소에서 어떤 일을 하든 간에, 그 모든 것은 자기 성덕의 진보와 하느님의 영광과 사람들의 평화를 위해 이바지하는 일입니다. 밭일을 하든 기계를 수리하든 마찬가지입니다. 목수, 토목기사, 구두수선공, 요리사, 운전기사, 기계공, 전기공, 간호사, 건축기사, 주조공, 연판공, 인쇄공, 교정원, 편집자, 저술가, 사서司書 등은 모두 하느님의 영광과 사람의 평화를 위해 필요한 일을 하는 사람들입니다. 우리에게 필요 없는 것, 우리가 해서는 안 되는 것이 무엇입니까? 그것은 죄뿐입니다. 출판에 종사하면서 하게 되는 모든 일은 다 좋은 일입니다. 현재 성바오로수도회가 하고 있는 일은 아주 광범위합니다."

이 말은 어떤 개념을 제시하는 데 그치는 것이 아니라 그의 생활 안에서 그대로 실천되었다. 그와 함께 생활한 사람은 누구나 체험한 일이겠지만, 그는 수도회 내에 어려운 일이 생기면 모든 회원에게 먼저 고해성사를 볼 것을 권고하였다. 그는 수도회 내에서 불미스러운 사건이 생기면 식사를 못할 정도로 괴로워했다. 몹시 예민한 그에게 정신적인 고통은 곧 육체적인 고통으로 나타났다. 큰 사건이 아니라 순명하지 않는 태도를 본다든지 할 때에도 그는 금세 육체적인 아픔까지 느꼈다.

알베리오네를 괴롭힌 것은 심한 노동이나 경제적인 곤란 같은 것이 아니라 죄였다. 그는 언제나 앞장서서 일하면서 다른 이들에게 힘을 북돋워 주곤 했다. 그렇다고 그가 건강하고 힘이 많아서 그런 것은 아니었다. 그는 1923년에서 1924년 사이에 건강이 극도로 악화되어 생명이 위태로운 지경에 이르기도 했다. 의사들은 폐결핵 진단을 내리며 길게 잡아도 1년 6개월을 지탱하기가 어려울 것이라고 단언했다. 그런데 그는 기적적으로 완쾌되었다.

"바오로 성인께서 나를 살려 주셨다."

이렇게 확신을 가지고 말하는 알베리오네는 자신의 삶의 순간순간을 더욱 귀중히 여겼다. 그는 오직 하느님만을 위해 남은 시간을 사용해야 한다는 강한 책임감을 느끼며 자신의 모든 것을 완전히 하느님을 위해 썼다. 그러다가 불안해질 때는 기도로 극복했다. 그는 육체적인 고통을 인내하며 시간을 낭비하는 일 없이 고행과 노동에 힘썼다. 그의 고행은 글자 그대로 매일 밤 채찍으로 자신의 몸을 때리는 것이었다. 그의 방을 정리하는 일을 맡은 수녀는 옷장 속에 감추어 놓은 채찍이 번번이 그의 베개 밑에 있는 것을 보았다. 그는 어깨의 심한 통증으로 고생을 하면서도 기도드릴 때 무릎 꿇는 습관을 바꾸지 않았다. 일주일에 하루는 아침 미사가 끝나면 자기 방에 들어가 온종일 기도를 드리곤 했다. 어떤 때는 그 기도가 며칠씩 계속되는 때도 있었다. 그러면서도 그는 피곤함을 내색하거나 축 늘어진 모습을 보이는 일이 없었다. 그에게는 언제나 활기와 생기가 넘쳤다.

## 알베리오네의 하루

알베리오네는 새벽 3시 30분에 일어나서 저녁 9시에 잠자리에 드는 일과표를 정확하게 지켰다. 일찍 자고 일찍 일어나는 것이 그의 생활 신조였다. 남에게도 그렇게 가르쳤고 자신도 어김없이 실천하였다.

그는 하루를 기도로써 시작하였다. 4시 30분에 미사를 봉헌하고, 7시까지 기도를 계속했다. 기도가 끝나면 우편으로 배달되어 온 편지들을 읽고, 환자를 방문하고, 여러 가지 사무를 처리했다. 매일 이런 일을 해 나가자면 기분이 좋지 않거나 귀찮은 일도 있을 수 있겠지만, 그는 전화로 이야기하든 혹은 직접 대화를 나누든 간에 피곤함이나 불쾌함을 드러내는 일이 없었다. 회원들에게 주의를 준 경우도 있지만, 언제나 이해심 깊고 너그러우며 위안을 주는 아버지의 모습을 보여 주었다.

그의 일은 주로 회원들에게 분명한 방향을 제시하고 한층 더 좋은 길로 이끌어 주는 것이었다. 이런 일을 그는 언제나 겸손하게, 그러나 분명한 태도로 하였다. 그는 이런 일뿐 아니라, 한창 어렵던 초창기에는 손수 국수를 삶고 밥을 짓고 야채를 다듬는 부엌일까지 맡아 했다.

"그분은 수프도 항상 마지막에 드시고, 과일도 제일 나쁜 것을 집으셨다. 그분은 제일 마지막에 남은 음식을 드시는 것을 기뻐하셨다."

오랫동안 함께 살아온 복자 자카르도의 솔직한 이야기이다. 알베리오네는 회원 중에 누군가가 건강이 좋지 않거나 하면 특별히 배려하는 일을 잊지 않았지만, 자신을 위해서는 특별 배려란 것을 한 번도 허용하지 않았다. 역시 초창기의 일이지만, 식당 아주머니들이 급한 일 때문에 부엌정리를 미처 못하고 갈 때면 그가 손수 그 뒤처리를 도맡아하곤 했다.

그는 '알베리오네'라는 자신의 성姓이 "가지가 무성하고 큰 나무"라는 뜻이라고 농담처럼 말하곤 했는데, 그 말대로 바오로 가족은 이렇게 작게 시작했지만 지금은 전세계로 퍼져 나가 대가족을 이루고 있다.

바오로 가족은 서서히 성장해 나갔다. 알베리오네는 이 대가족이 이상과 목표를 향해 끊임없이 전진해 가도록 이끌기 위해 바쁘게 움직였다. 계획을 세우고, 하루에도 몇 차례씩 강론을 하고, 회원들을 면담하고, 또 외부 사람들을 접견하고, 지부를 방문하는 등 그의 하루 일정은 정신없이 바빴다. 그러나 그를 만나는 사람들은 언제나 침착하고 온화한 그의 태도를 보며 그렇게 일이 많고 바쁜 사람이라는 사실을 느끼지 못했다. 그는 편지나 작은 축하카드의 회답까지도 손수 써서 보냈다. 작은 일에 충실하고 섬세한 그에게서 진정 영웅적인 면모를 볼 수 있다.

# 사회홍보수단의 사도직, 그 성공의 비결

### 성공의 비결

그는 모든 일을 최대의 겸손과 순수한 지향으로 해 나갔다. 특히 그가 온 힘을 쏟았던 사회홍보수단을 통한 사도직을 오직 하느님의 영광과 사람들의 구원을 위한다는 목표만을 지향하며 수행하였다. 개인의 명예나 다른 욕심은 조금도 없었다. 그는 자주 이런 말을 하곤 했다.

"야심을 가진 사람이 열심한 수도자가 된다는 것은 불가능하다. 절대로 불가능하다."

그는 또한 행동주의자였다. 그러나 그가 비록 말보다는 행동이 앞서는 사람이었지만, 그렇다고 자기 본능의 충동에 따라 행동하는 일은 없었다. 그는 모든 것을 오로지 하느님의 영광을 위하여 행동했다. 이러한 그에게 성공의 비결은, 즉 모든 일에서 좋은 성과를 내는 길은 오직 성인이 되는 것뿐이었다.

"나는 우리 회원들이 성인이 되기만을 바랄 뿐이다. 나에게 모두가 성인이 되는 것 말고 다른 소원이란 있을 수 없다."

1919년 1월 25일, 성바오로 사도의 개종 축일에 알베리오네는 회원들에게 훈화를 했다. 이것을 복자 자카르도의 기록에서 인용해 본다.

"우리는 자전거를 탈 때 다리에 얼마나 힘을 주느냐에 따라 1미터뿐만 아니라 10미터까지도 단번에 달릴 수 있습니다. 성덕의 길도 이와 똑같습니다. 우리의 노력에 따라 한 걸음만 전진할 수도 있고 열 걸음이나 전진할 수도 있습니다. 나는 여러분에게 공부시간을 어떻게 늘려 가라고 가르친 바는 없습니다. 그러나 성덕의 길을 어떻게 달려야 우리가 바라는 대로 빨리 도달할 수 있는가 하는 방법은 배워야 할 것입니다. 여러분은 스스로 연구하고 노력하여 성덕에 가장 빨리 도달하는 길을 찾아내야 합니다. 우리는 성덕에 진보해야 합니다. 한 번의 양심성찰로 열 걸음을 나아가고, 한 번 시험을 봄으로써 열 번 시험 본 결과를 내고, 한 번 성체를 영함으로써 열 번 영성체한 만큼 진보해야 합니다. 여러분, 정신을 차리십시오. 귀를 기울이십시오. 잠에서 깨어나십시오. 마음을 좁게 가지지 마십시오. 순간순간의 노력이야말로 여러분을 단번에 열 걸음씩 진보하게 할 것입니다. 왜 이렇게 노력해야 하는지 아십니까? 하느님은 여러분의 노력만으로, 그분의 상존은총尙存恩寵만으로 여러분을 귀하고 높은 성덕에 오르도록 하지 않으십니다. 여러분이 노력할 때, 한 발씩 내딛는 작은 노력에도 하느님은 열 걸음을 나아갈 은총을 주십니다. 여러분은 수도원 울타리 안에서만 살아야 하는 수도자들보다 훨씬 더 높은 성덕에 도달해야 합니다.

여러분이 신학자라고 부르는 나는 정신이상자일까요? 나는 정신이상자가 아닙니다. 혹시 누가 '알베리오네 신부는 정신이상자이다.'라고 말할지도 모르지만, 지금 나는 여러분의 영적 아버지로서 간곡히 말합니다. 여러분의 성덕은 지금까지 살아온 어떤 사제나 수도자의 성덕보다 훨씬 뛰어나야 합니다. …… 하느님께서는 여러분에게 천사들까지도 시기할 만한 '훌륭한 사회홍보수단의 사도직'을 무상으로 주셨기 때문입니다.

여러분은 올라가야 할 높은 산의 중턱에 서 있는 것입니다. 여러분이 서 있는 지금의 위치가 세상의 어디쯤인지 가늠해 보십시오. 둥근 공을 대리석 탁자 위에 고정시키기 위해서는 그 공이 닿을 수 있는 부분만 있으면 됩니다. 그러나 여러분은 1백만, 3백만, 1천만의 사람들을 생각해야 합니다. …… 그러기에 여러분은 여느 사제들보다도 성덕 면에서 훨씬 뛰어나야 합니다. 여러분은 1백만 명, 아니 1천만 명의 영혼을 구할 수 있는 넓은 마음의 소유자가 되어야 합니다.

오늘 저녁에 이 신학자는 정말 정신이상이 된 모양입니다. 1천만 명이라는 숫자를 감히 말하고 있으니 말입니다.

그러나 이 말이 전혀 엉뚱한 것은 아닙니다. 훌륭한 신문기자 한 사람은 그 이상의 사람을 구원할 수 있는 힘을 갖고 있습니다. 여러분, 지금 우리가 끝이 안 보일 정도의 거대한 나무를 쳐다본다고 생각해 보십시오. 이 나무야말로 바로 우리 바오로 가족입니다. 여러분은 이 거대한 나무의 뿌리입니다. 그리고 여러분을 이곳에 불러 주신 분은 바로 하느님이십니다. 여러분을 부르신 하느님께서는 지금도 바로 여러분 안에 함께 계십니다. 이 놀라운 현실을 조금이라도 인식한다면, 여러분은 결코 그렇게 무관심하게 살지는 않을 것입니다. 아마 주님께 귀찮을 정도로 '이것이 더 필요합니다. 저것도 주십시오. 저에게 이것을 해낼 힘을 주십시오.' 하며 매달릴 것입니다.

우리는 어떻게 해야 하겠습니까? 빠르게 성덕에 도달할 방법을 어디에서 찾아야 하겠습니까? 우리는 결점투성이이고 가련하기 짝이 없는 존재들입니다. 그러므로 우리는 먼저 겸손해야 합니다. 자신이 보잘것없고 빈곤함을 알고 인정해야 합니다. 우리의 내면을 잠깐만이라도 두 눈으로 볼 수 있다면, 아마 우리는 놀라서 기절해 버릴지도 모릅니다. 성녀 마르가리타 마리아 알라코크는 이 세상에 있을 때부터 천사라는 별명으로 불리고, 성심의 예수께서 여러 차례 발현하시어 당신 모습을 보여 주실 정도로 훌륭한 성인이었습니다. 그런데도 예수님을 통해서 자기 영혼의 내면을 보았을 때는 정신을 잃었다고 합니다.

여러분, 우리는 얼마나 겸손해야 하는지요? 또 진보해야 할 점은 얼마나 많은지요? 우리가 성인이 되기 위해서는 우선 성인이 되고 싶다는 강한 의지와 용기, 그리고 관대함이 필요합니다. 이미 성인이 되신 많은 분들이 여러분에게 보여 주신 것처럼 고통과 희생을 무릅쓰고 나갈 강한 의지가 필요합니다. 이것은 첫째 방법입니다.

둘째는 자신의 힘과 능력에 의존하지 말아야 한다는 것입니다. 기도하는 가운데 모든 것을 하느님의 뜻에 맡겨야 합니다. 하느님은 우리의 그 어떠한 결핍도 채워 주실 수 있습니다. 그러므로 우리에게 필요한 것은 우리가 성인이 되기를 하느님께서 간절히 바라신다는 굳은 믿음입니다. 하느님께서 성인이 되기에 필요한 은총을 꼭 주신다는 것, 우리의 한 걸음의 노력에 열 걸음의 결과를 보상으로 주시리라는 것, 한 번의 선행에 열 번 선행을 한 결과를 주시리라는 신념을 가져야 합니다.

이것은 사실입니다. 하느님은 그것을 원하십니다. 여러분은 반드시 신념을 가지십시오. 이것을 믿는 자는 성덕의 길, 완덕의 성을 향하여 빨리 달려갈 수 있을 것입니다. 자신의 힘과 노력만을 믿는 사람은 아무리 노력해도 빨리 도달할 수 없을 것입니다. 무익한 노력으로 애만 썼다는 것을 느낄 것입니다.

그러므로 우리는 인간적인 힘보다는 하느님의 은총을 구해야 합니다. 일을 할 때에도 힘들다고 생각하기보다는 하느님을 마음속에 두고, 하느님의 영광을 위하여 일을 더 빨리, 더 잘하려고 애써야 할 것입니다. 학업에서도 네 배, 다섯 배의 효과를 보도록 애써야 할 것이며, 애덕의 실천과 남을 위한 희생에도 게으르지 말아야 할 것입니다.

하느님은 물론 우리에게 일용할 양식을 주시지만, 그렇다고 우리의 신앙이 물질적인 차원에 머물러 있다면 참으로 비참한 노릇입니다. 하느님도 이런 신앙을 질책하실 것입니다. 하느님 나라가 고작 먹고 마시는 차원의 것이겠습니까? 우리의 성화를 위해 차원 높은 신앙이 필요합니다. 그런데 우리의 신앙은 너무 낮은 단계에 머물러 있습니다. 여러분 가운데에는 산이라도 움직일 수 있을 정도로 참되고 깊은 신앙을 가진 사람이 한 사람도 없습니다.

하느님은 여러분을 높은 성덕에 이르도록 부르셨습니다. 그리고 여러분이 모든 것을 그분 안에서 그분이 원하시는 대로 하기를 바라십니다. 그 뚜렷한 증거는 우리 바오로회가 하느님의 섭리 안에서 살고 있다는 것입니다. 그러므로 우리 수도회가 하느님을 신뢰하는 마음이 부족하다면, 그것은 우리가 그분께 드리는 가장 큰 불경입니다. 하느님은 당신이 원하시는 것 모두를 여러분을 통해서 실현하기를 원하십니다. 그런데 우리는 편협하고 어리석어 그분께 모든 것을 맡기지 못합니다. …… 예수님은 결점의 무덤에 묻힌 우리를 부활시키실 분이며, 우리가 성화의 길을 가도록 지켜 주시는 생명입니다.

예수님은 '너희들이 내 이름으로 아버지께 구하는 것은 무엇이든지 아버지께서 주실 것이다.'라고 말씀하셨습니다. 이 말씀은 헛된 것이 아닙니다. 하느님은 우리 모두가 성인이 되기를 바라시고, 또 우리가 성인이 되게 해주십사고 청하기를 간절히 기다리십니다. 제대 앞에 나아가 예수께서 약속하신 바를 우리 안에 실현해 주시기를 기도드리십시오. 그리고 우리는 아직도 많은 결점을 갖고 있다는 것도 말씀드리십시오. 그런 결점이 있다는 것이 무슨 상관입니까? 예수께 청하기만 하면, 그분께서는 우리를 모든 결점에서 즉시 해방해 주실 것입니다. 우리게는 아직도 덕이 부족하다고 말씀드리십시오. 그것이 무슨 대수입니까? 예수께 청하기만 하면 그러한 덕을 당장 주실 것입니다. 일단 이런 신앙에 젖어 들기 시작하면, 자신이 1년 후에는 완전히 변해 있음을 발견하게 될 것입니다. 어떻게 그런 결점들을 고칠 수 있었고 또 그런 덕을 갖게 되었을까 하고 자신도 놀랄 것입니다. 그것은 우리 스스로 한 것이 아니라 하느님의 은총이 우리와 함께해 주신 것입니다. 용기를 내십시오. 그리고 하느님이 우리를 부르시는 곳이 어떤 곳인지 잘 찾으십시오. 좋은 지향을 갖고 온전히 하느님만 신뢰하면서 기도드리십시오. 이렇게 1년을 지내고 나면 자신이 얼마나 변하였는지를 알게 될 것입니다. 주님은 바오로 사도를 한순간에 완전히 바꿔 놓으셨습니다. 이 축일을 계기로 우리 자신도 완전히 바꿔 놓아야 할 것입니다."

### 교육자

이 글을 시작할 때부터 제일 부담스러웠던 것은 복자 알베리오네의 참 모습을 어떻게 하면 충분히 그려낼 수 있을까 하는 것이다. 그러므로 그의 뛰어난 점 중의 하나인 강한 설득력에 대해서 많이 이야기하고 싶다. 그는 위대한 교육자였다.

수도회 초창기에 그와 함께 살던 젊은이들은 공부와 일을 병행해야 하는 특수한 환경에 놓여 있었다. 그 젊은이들이 이 어려운 시기를 훌륭하게 극복해 나갈 수 있도록, 알베리오네는 어떤 정신으로 이끌어 나갔는지 복자 자카르도의 기록을 통해서 보기로 한다. 알베리오네는 특별한 기도 정신으로 그들을 인도했다.

"우리는 공부를 4시간 하면 8시간 공부한 효과를 얻어야 합니다. 이 효과는 주님과의 단순하고 명확한 약속을 통해서 얻을 수 있습니다. 즉, 우리는 주님께 이렇게 기도드리고 나서 공부하도록 합시다. '주님, 저는 배워야 할 것이 많으나 공부할 시간은 넉넉하지 못합니다. 조판도 해야 하고 인쇄기도 돌려야 합니다. 그러나 당신이 원하시는 시간까지, 당신이 원하시는 범위 내에서 공부하겠습니다. 제게 지혜를 내려 주십시오.'

굳게 신뢰하면서 드리는 명백한 약속이 중요합니다. 예수님의 사도들도 처음에는 무지했습니다. 그러나 성령의 은혜를 받은 사도들은 놀랄 만큼 바뀌어 온 인류를 밝히는 지혜로운 빛이 되었습니다.

성령은 물론 사도 시대처럼 불혀 모양으로 우리에게 내리지는 않으실 것입니다. 그러나 우리가 좀더 빨리 이해하고 잘 받아들일 수 있도록 성령께서 도와주신다는 것은 분명합니다. 그러므로 혹시 다른 이들은 3시간을 공부해도 잘 이해하지 못하고, 또 공부한 것을 실천하지 않는다 하더라도, 우리는 그것을 한 시간에 다 배우고, 또 배운 것을 완전히 실천할 수 있어야 합니다.

굳은 신념을 가지십시오. 우리는 은총을 피부로 느끼게 될 것입니다. 이러한 신앙이 우리 성바오로수도회의 기본정신입니다. 우리는 정신이 새로운 것처럼 방법도 새롭게 하여 사도직을 실천해야 합니다. 우리가 이 신앙을 갖지 못하면 성바오로수도회 회원으로서 살기가 어려워질 뿐만 아니라 비난까지 받게 될 것입니다. 바오로 사도는 하느님을 위해서 일하면 먹을 권리도 있다고 하였습니다. 우리도 마찬가지로 하느님을 위해 일하므로 하느님께서 우리의 생활까지도 책임져 주실 것입니다. 그러므로 단지 생활뿐만 아니라 마음과 정신도 지혜로 채워 주시리라고 믿어야 합니다. 공부할 시간이 너무 적다고 불평하는 이들에게 나는 이렇게 대답해 주고 싶습니다. '하느님의 은총이 우리와 함께 있습니다. 그러므로 우리의 노력으로 하는 것은 1/3이고, 나머지 2/3는 하느님께서 은총으로 해주십니다.' 라고 말입니다. 일을 잘하기 위해서 우리의 머리를 쓰는 것보다는 기도하는 것이 훨씬 효과적입니다. 가장 중요한 것은 신앙과 기도입니다."

복자 자카르도의 기록을 더 들어보자.

"어제 저녁에 알베리오네 신부님은 주님과 계약을 맺기 위해 우리 모두를 모이게 했다. 그분이 주님께 드린 약속은 하나를 배울 때 넷까지 알게 해 달라는 것이었다. 우리는 그분의 말씀을 잘 알아듣고 깊이 이해할 수 있었다. 우리가 그 약속을 한 것은 진실한 마음으로 실천하기 위해서이다. 하느님께서는 이랬다 저랬다 하시는 분이 아니므로 언제나 우리가 어떻게 하느냐가 중요하다."

열렬한 신앙의 분위기에서만 이러한 부름을 올바르게 알아듣고, 알아들은 대로 살 수 있을 것이다.

### 약속의 기도문

몇 년이 지난 뒤 이 '약속'(성공의 비결)은 하나의 기도문으로 만들어졌다. 지금은 좀더 간결한 기도문으로 다듬어졌지만 본래의 기도문을 그대로 옮겨 본다.

스승이신 예수님, 사도의 모후이신 성모 마리아와 사도 성 바오로를 통하여 드리는 우리의 약속을 받아 주소서. 우리가 기도하는 시간은 관상생활을 하는 이들보다 짧지만 그들보다 더 높은 성덕에 이르게 하소서. 우리가 공부하는 시간도 다른 이들보다 짧지만 이 세상이 필요로 하는 모든 학문에 통달하게 해주소서. 우리는 기술자도 아니고 일하는 시간도 남들보다 적지만 우리의 인쇄물은 뛰어나게 해주소서. 우리는 물질적으로도 아주 가난하지만 우리의 생활과 사도직에 필요한 것을 보내 주소서. 주님, 우리는 "내 이름으로 구하는 것이면 다 얻으리라."는 주님의 말씀을 굳게 믿으면서 이 모든 것을 청합니다. 우리는,

- 시간의 청빈을 잘 지키면서 공부에 열중하고, 기도에 충실하면서 일도 게을리하지 않으며,
- 오직 하느님의 영광을 위해 모든 것을 하며,
- 하루를 온전히 사회홍보수단의 사도로서 일할 것을 약속합니다.

우리에게 학문에 대한 지혜를 주시고, 당신이 원하시는 바 우리가 도달해야 할 성덕을 내려 주시고, 사도직을 더 능률적으로 할 수 있는 재능을 주소서. 하나를 배우면 넷을 알고, 한 걸음의 노력으로 성덕에 열 걸음을 나아가게 해주소서. 우리가 가진 재능을 다섯 배로 늘려 주시고, 조금밖에 갖지 못한 우리의 재산도 몇 배로 늘려

주소서.

주님께서 약속하신 것은 꼭 주신다는 사실을 우리는 지금까지 많이 경험했습니다. 다만 우리의 나약함과 불충실함을 용서하소서. 죽을 때까지 항구하고 충실하게 당신의 뜻을 따를 수 있는 은총을 주소서. 주님의 이름으로 비나이다. 아멘.

### 시간을 잘 사용하는 것

성덕에 나아가기 위해서 우리는 영적으로 항구한 믿음 속에서 살아야 한다. 그리고 또 다른 한 가지, 우리에게 매일 주어지는 시간을 소중하게 잘 사용해야 한다. 알베리오네 신부는 시간에 대해서 다음과 같이 말한다.

"시간은 하느님께서 우리에게 주신 큰 선물입니다. 그러나 우리가 어떻게 사용하느냐에 따라 그 선물은 선행이라는 구슬로 가득 찬 보물함이 될 수도 있고 죄의 오물로 가득 찬 쓰레기통이 될 수도 있습니다.

우리는 정신을 차리고 살지 않을 때 쓸데없는 일이나 아무런 가치도 없이 무익한 일을 하며 시간을 낭비하기 쉽습니다. 시간을 잘 사용하기 위해서는 의무에 충실하고 가치 있는 일만을 해야 합니다."

### 자제심과 인내심

시간을 잘 사용하려면 자제심을 길러야 한다. 복자 알베리오네는 시간 사용에서도 젊은이들의 모범이었다. 알베리오네는 신학교 시절에 성냥개비란 별명이 붙을 정도로 성격이 급하고 격렬하였다. 그러나 그는 학업에 열중하고 신체를 단련함으로써 자신의 격렬한 성격을 극복하였다. 그는 처음부터 성인이 아니었다. 다만 성인이 되기를 바랐고, 성인이 되기 위해서는 불같이 성급하고 거만하고 꼿꼿한 자신의 성격을 이겨내야 한다는 것을 알았다. 그는 우물쭈물하는 법이 없었다. 어떤 것 앞에서든지 칼로 자르듯이 태도가 분명했다. 그는 식별력이 있었고, 선한 일이라고 여겨지면 기다리지 않고 그것을 실행했다.

자제력을 발휘하기 위해서는 인내심을 길러야 한다. 그는 인내를 길러야 할 필요성을 다음과 같이 열거했다.

"마음이 관대한 사람, 훌륭한 일을 한 사람, 남에게 존경이나 찬사를 받는 사람은 모두 인내할 줄 아는 사람이라는 사실을 보게 됩니다. 인내심이 있는 사람은 장래가 밝고, 또 행복을 찾을 수 있을 것입니다."

그는 이러한 생각을 어릴 때부터 지니고 있었다. 그리고 그가 진심으로 바라고 기대한 것은 겸손한 사람이 되는 것이다. 즉, 자신의 나약함과 한계를 인정하고 받아들여 모든 것은 하느님 안에서만 이루어질 수 있다고 믿는 사람이 되는 것이다. 불완전하고 나약하여 죄를 지을 수밖에 없는 자신을 인정하고 책임을 지는 것이다.

그는 자신을 항상 하느님의 뜻을 조금밖에 성취하지 못한, 그러므로 인간의 무대와 인간의 기억에서 사라져야 할 보잘것없는 시체로 생각했다.

## 의무감

알베리오네는 어릴 때부터 인내심이 대단했다. 그가 아직 어렸을

때의 이야기이다. 늦가을이라고는 하지만 이탈리아 북쪽 지방은 이미 추워지는 때였다. 더 추워지기 전에 밀밭 두렁을 삽으로 돋우어 주어야 하므로 어른들은 저녁 늦게까지 일을 했다. 그 어른들을 위해 그는 날이 어두워지면 석유 호롱불을 들고 서 있어야 했다. 바람이 부는 날 호롱불을 들고 밭 가운데에 서 있는 것은 재미있는 일이 아니었다. 그러나 그는 아무 불평 없이 어른들이 일을 마칠 때까지 그 일을 도맡아 했다.

　복자 알베리오네는 어떤 일을 할 때 그 일이 하느님의 뜻이라는 확신이 생기면, 그 일이 어려울수록 최선을 다해서 완전히 하려고 애썼다.

　그는 18세 때 책임감에 대한 명언들을 기록해 놓았다.

- 너는 너의 의무에 충실하고 있는가?
- 책임감이 없는 사람은 불행하다.
- 의무를 완수하지 못하는 것은 자기 영혼이 빠질 함정을 준비하는 것이고, 마귀에게 문을 열어 주는 것이다.
- 의무를 완수하지 못하는 것은 힘과 빛을 약하게 하는 것이다.
- 의무를 완수하지 못하는 것은 질서와 증오의 씨앗이며, 불행으로 내려가는 첫 단계이다.
- 의무 수행은 하느님께 드리는 가장 아름다운 존경이다.
- 의무를 수행하는 순간에는 오직 그 일밖에 할 일이 없는 것처럼 온 힘과 정신을 다 쏟아 완전하게 해야 한다.
- 의무를 수행하는 데는 피곤과 어려움이 뒤따르겠지만 바른 지향으로 해야 한다. 사랑하는 마음을 가지고 충실히 수행할 때, 그 일은 더욱 가치 있는 것이 되고, 일 자체도 쉬워질 것이다.

그러나 마지못해 수행할 때 일은 더욱 어려워지고 가치도 없어진다.
- 지금 내가 하고 있는 일은 하느님께서 내게 바라시는 바로 그것이다.
- 매일 밤 자기 전에 의무 수행을 어떻게 했는지 반성해 보라.
- 의무 수행에서 사랑은 시작된다고 믿는다.
- 사랑의 실천은 하느님의 뜻을 행하는 것이다. 사랑은 의무를 수행함으로써 움터 나오고 더욱 강화된다. 사랑이 없을 때 모든 것은 헛되다.

### 젊은이들은 그를 어떻게 보았을까?

젊은이들의 눈에 비친 알베리오네는 초인적인 매력을 지닌 인물이었다. 흔들림 없는 감정과 의지에서 나오는 확신, 신뢰에 찬 모범적인 행동, 그리고 자신이 젊은이들에게 가르치는 대로 산다는 것이 젊은이들에게는 더 큰 매력이었다. 그는 교육자였기 때문에 젊은이들에게 필요한 것이 무엇이고, 또 그들의 자질을 발견하여 키워 주기 위해서 어떻게 해야 하는지를 잘 알았다. 그는 젊은이들에게 우선 삶의 본질을, 그리고 삶의 방향에 열쇠가 될 목적이 무엇인지를 분명히 제시해 주었다.

알베리오네는 역사학 교수였으므로 역사에 입각하여 현재와 미래를 어떤 자세로 관망하고 나아갈 것인지를 더 분명하게 제시할 수 있었다. 특히 젊은이들이 의무에 충실할 것을 가르치고 격려했다.

하루는 알베리오네가 전에 스승 예수 제자 수녀회 수녀들에게 했던 이야기를 학생들에게 들려주었다. "세계 인구의 반 이상이 그리스도를 모르는 실정입니다. 또 가톨릭 신자라고 하는 이들 중에도 이단자와 불신자들이 많이 있습니다. 그 좋은 예로 이탈리아를 진정한 가톨릭 국가라고 할 수 있습니까? 이번 선거에서도 교회를 반대하는 당이 승리했습니다."

열띤 이야기를 듣고 감동한 학생들이 "그럼 우리는 그 많은 이들을 구하기 위하여 무엇을 해야 하겠습니까?"라고 물으면서 온 인류를 위한 사랑에 함께 불타오르기도 했다.

### 그의 제자들

젊은 회원들이 사회홍보수단의 사도직에 대한 이해 부족으로 그를 괴롭힐 때가 많았다. 그때마다 알베리오네는 인내롭게 그들의 부족한 점을 일깨우면서 바른 길로 이끌어 갔다. 그러나 의무에 충실하지 못한 사람에 대해서는 가차없었다.

그가 제자인 회원들에게 바란 것은 오직 한 가지, 성인이 되는 것이었다. 이를 위해 자유롭고 균형 잡힌 성숙한 자세로 하느님과 형제들과 친밀한 사랑을 나누며 봉사할 줄 아는 성인이 되도록 그들을 가르쳤으며, 늘 "성인이 되기 위해서는 강해야 한다."라고 강조했다.

그는 이따금 회원들에게 실제로 희생할 기회를 갖게 했다. 그러나 희생을 요구할 때에도 자유롭게 행하도록 유도했으므로, 그들은 관대한 마음으로 기쁘게 따랐다.

"여러분에게 선물을 드리고 싶습니다. 내일은 5시가 아니라 4시 30분에 일어나서 아침기도를 바치는 것이 바로 내 선물입니다."

꽉 짜여진 매일의 일과로 피곤한 젊은이들에게 30분 일찍 일어나는 것은 큰 희생이었지만, 그들은 기쁘게 따랐다. 그들은 알베리오네를 두려워하면서도 사랑하였다. 회원들 사이에는 그의 안경이 걸려 있는 위치에 따라 그의 기분을 알 수 있다는 농담이 떠돌았다.

"제군들, 신학자님이 안경을 코 끝에 걸치고 계실 때는 기분이 저기압이라는 표시이다. 그러니 그분께 무언가 청하고자 할 때는 먼저 안경의 위치부터 살피는 것을 잊지 말기 바란다."

그러나 신학자님이 그들에게 원하는 바가 무엇인지 분명히 알면, 그들은 즐겁게 조건 없이 순명할 줄 알았다. 그들은 자유로움 속에서 자기들이 무엇을 해야 하는지를 잘 알고 있었기 때문이다. 이러한 가운데 그들은 아름다운 공동체를 이루며 끊임없이 걸어 나갔다.

### 충만한 기쁨 안에서

그들의 생활은 엄격한 편이었다. 그러므로 그런 생활을 계속해 나간다면 싫증이 나고 흥미를 잃게 되지 않을까 하는 우려가 생길 법도 했다. 그러나 전혀 그렇지 않았다. 초창기에도 그랬고, 대가족으로 자란 후에도 회원들은 성소에 충실하며 기쁨에 넘쳐 살았다. 알베리오네의 메모에는 자주 "격려하라. 하느님께 바친 삶의 기쁨을 누리도록……."이라는 구절이 적혀 있었다. 이 말처럼 설립자는 자신의 마음 안에 충만해 있던 평화와 열정과 기쁨을 제자들에게 전해 주고자 했으며, 결국 그대로 옮겨졌음을 알 수 있다. 이 기쁨은 또한 그와 함께 살고, 일하고, 고통을 나누는 사람들뿐만 아니라 잠깐 만나 대화를 나누는 사람들도 느낄 수 있는 영적 충만이었다. 이것은 하느님의 영광을 위하여 하느님의 뜻대로 모든 것을 바쳐 일하며 살고 있다는 만족에서 오는 것이기도 했다. 이해할 수 있는 사람만이 알아들을 수 있는 기쁨이다.

### 하늘로부터 주어진 사람

복자 알베리오네는 결코 외모가 뛰어난 사람은 아니었다. 비록 체구는 바싹 마르고 가냘프며 왜소했지만, 그럼에도 강한 정신력에서 우러나오는 힘이 느껴지는 사람이었다.

그는 이 세상에서 위대한 사업을 실현한 보기 드문 위인 중의 한 사람이다. 그의 놀라운 활동력과 뛰어난 창의력은 천부적인 자질이었지만, 그는 될 수 있는 대로 이 모든 것을 숨기고 싶어했다. 하여간에 그의 업적을 볼 때 비천한 이를 들어올리고 보잘것없기에 더욱 큰일을 하게 해주셨다는 성모님의 찬미가를 연상할 수 있다. 명예나 금전, 사도직, 생명까지도 하느님의 뜻이라면 아낌없이 내던져 버릴 수 있을 정도로 완전한 내적 자유는 그의 성덕을 더욱 위대하게 했다. 그는 자신이 하는 모든 일이 하느님의 일임을 잘 알았다. 그는 하느님의 뜻을 거역하거나 자신의 부족한 생각으로 하느님께 빠른 대답을 못 드려 하느님의 사업에 방해가 될까 봐 늘 두려워하였다. 그러므로 어떤 일이든지 기도로 시작했다. 성체 앞에서 침묵과 고요 속에 긴 대화를 나누고 나서는 결단력 있게 일을 해 나갔다.

"자, 빨리 이것을 합시다!"

### 실무자로서 뛰어난 재능

복자 알베리오네는 철저하게 현실적인 사람이었다. 그가 남긴 많은 편지와 저서 중에서 그의 현실적인 성격을 가장 잘 드러내는 것을 보기로 하자. 아래의 글은 그가 1931년에 쓴 편지이다. 1931년이라면 성바오로수도회가 교구 신문을 인수하여 발간 준비로 한창 바쁠 때였다. 알베리오네 신부는 페뇰리오 신부에게 이렇게 썼다.

> 사랑하는 페뇰리오 신부님!
> 아그리젠토에 있는 성바오로딸수도회에서 주교님께 곧 발간할 신문의 제호에 대한 문의를 서한으로 드린 일이 있는데, 주교님께서 방금 보내 오신 회답은 "너무 서두르지 마십시오. 아직 시간이 있습니다. 천천히 검토해 보겠습니다."라는 내용입니다. 결국 신문 발행을 늦추라는 것입니다. 그런데 우리의 계획은 가능한 한 빨리 신문을 발행하자는 것 아닙니까? 신부님의 생각은 어떻습니까? 알바로 돌아오시기 전에 아그리젠토, 카탄자로, 캄포바소, 안코나 지방에서 신문들이 창간되도록 노력해 보시기 바랍니다. 이론적인 계획만 세우는 것이 우리의 약점입니다. 그러나 하느님의 뜻은 1) 결실을 보되, 2) 현실적이고 실천적이며, 3) 성바오로수도회가 소유하고 책임지는 입장에서 출판물이 간행되는 것입니다.
> 우리의 계획을 다시 검토해 봅시다. 성인이 되려는 생각을 아무리 했어도 여러 가지 이유로 실행을 못하면 하느님 앞에 나가서 아무리 변명해 보아도 소용이 없는 일입니다.
> 제발 좀더 자세한 편지를 주십시오. 모든 일에 하느님의 축복이 함께하시기를 빕니다. 우리 계획이 왜 늦어져야 하는지 명확한 이유가 있어야 하겠습니다. 나는 모든 일에서 분명한 사람을 좋아합니다.

알베리오네 신부는 다른 사람들도 실천적일 수 있도록 이끌어 주었다. 그러나 자신의 주장이 강하기는 하지만, 주위 사람들에게 항상 기도를 청하고, 그 사람들의 의견을 듣고, 그것이 옳다고 생각될 때는 그대로 따르는 겸손도 잃지 않았다. 그는 역사를 공부할 때도 특히 의지가 강한 영웅들을 좋아했으며, 자신도 그렇게 되도록 노력하여 끝내는 강인한 의지를 지닌 사람이 된 것이다. 그가 빼놓지 않은 것은 어떤 일 앞에서나 하느님의 뜻을 확인하는 것이다. 그리고 하느님의 뜻이 확인되면 지체 없이 실천에 옮겼다.

"결정을 내립시다. 곧 실천합시다."

"빨리……. 지금……."

그러나 민첩하게 실천에 옮긴다고 해서 신중함을 잃는 일은 없었다. 그는 실행은 빨랐지만 결정하기까지는 충분한 시간을 갖고 숙고하였다.

"조심성 있고 신중한 사람은 모든 것을 잘하기 위하여 반성하고 기도하면서 하느님께, 그리고 타인에게 의견을 묻습니다. 실천해야 할 것을 잘 검토하며 깊이 생각한 다음에 행동으로 옮깁니다."

### 인간적인 것들을 벗어나서

그는 어떤 일 앞에서나 하느님의 뜻이라는 것이 확실할 때는 인간적인 체면이나 형식들은 무시해 버렸다. 혹시 불평 같은 것이 들려와도 조용히 대답하곤 했다.

"더 중대한 것을 위해서 이렇게 해야 합니다."

실제적인 예를 들어 보겠다. 1921년 6월 24일에 알베리오네 앞으로 새로 설치한 수도에 대한 세금 청구서가 날아왔다. 신부는 이 청구서를 받자마자 알바 시장에게 편지를 보냈다.

…… 본인은 이러한 청구서가 발송된 것에 아연하지 않을 수 없습니다. 이곳에 인조석 공장을 짓도록 대지까지 불하해 주신 너그러우신 처사에 감사드리는 바입니다.

그런데 우리에게 이런 청구서를 보내시는 이유는 무엇이온지요. 또한 우리의 인쇄학교가 이 지역 내에 금방 눈에 보이는 어떤 이익을 주지 못한다고 해서 가난한 학생들을 받아들여 가르치고 기술을 연마시키는 교육을 금지하는 행정처분을 내려야 하는지요? 국민복지에 앞장서야 할 행정기관이 이처럼 고루하다는 것은 참으로 섭섭한 일입니다.

여기서 우리는 알베리오네의 확고부동한 신념과 가난한 이들이 받아야 하는 피해를 조금이라도 덜어 주려는 정의감을 느낄 수 있다. 사건의 해결을 위해 관료정신으로 굳어 버린 공직자들과 타협하려 하지 않고 그들의 올바른 양심을 일깨워 주려고 노력한 것을 볼 수 있다.

**지원** 資源

복자 알베리오네는 위대한 야망가였으며 자신의 야망을 서서히, 그러나 실제로 이루어 가는 강한 의지의 사람이었다. 그러나 그는 긴 안목으로 먼 장래를 내다보며 일을 하였으므로 헛된 사상가라는 비웃음을 받을 때도 많았다.

바오로 가족을 위해서 알바에 새로운 건물을 신축할 때에도 '쓸데없이 지나치게 크기만 한 집'이라는 오해를 받았다. 그러나 그의 예상은 적중했다. 놀랄 정도로 회원수가 늘어가는 바오로 가족에게는 그 큰 집이야말로 꼭 필요한 것이었다.

그는 또 그렇게 큰일만 한 것은 아니었다. 경제적인 어려움을 많이 겪은 그는 이 난관을 극복하기 위해 온갖 노력을 다했다. 집을 지을 때는 벽돌을 직접 만들어 사용했는데, 열심히 만들다 보니 오히려 벽돌이 남아서 시중에 내다 팔 정도가 되었다. 수도원 안에 채소밭을 만들고 과일나무도 심어 자가 공급할 수 있도록 했다. 수녀들은 손수 밀가루를 빻아서 빵을 구웠고, 소와 돼지를 길러 육류를 충당했을 뿐만 아니라 제지공장도 세웠다.

이런 알베리오네를 두고 누가 감히 이루지 못할 꿈만 꾸는 이상주의자라고 할 수 있을까?

### 두려움을 모르는 사람

과연 알베리오네에게도 두려워하는 것이 있었을까? 그는 두려움을 모르는 인물이었다.

이런 일이 있었다. 알바에 새 건물을 짓고 있을 때였는데, 워낙 큰 공사이다 보니 벽돌 값 1만 리라(1977년 현재 가치로 6백만 리라)를 제때에 지불하지 못하였다. 지불 기일이 지나자 그는 벽돌공장 사장에게 고소당해 법정에 서게 되었다. 알베리오네는 사실을 그대로 인정하면서 다른 벽돌공장에도 대금을 체납한 것이 있노라고 순순히 말했다. 벽돌공장 사장 소르바는 화를 참지 못해 대금을 지불할 때까지 감옥에 가둬야 한다고 주장했다. 알베리오네는 조금도 동요하지 않고 조용하게 말했다.

"그것을 결정하기 전에 재판장님과 소르바 씨에게 한 가지 제안을 하겠습니다. 지금 제가 데리고 있는 학생 전원이 사장님의 공장에 가서 벽돌 굽는 일을 1만 리라어치 해 드리는 것이 어떻겠습니까? 이 제안이 마음에 들지 않으신다면 원하시는 대로 기꺼이 감옥에 가겠습니다. 사실 저는 지금 휴식이 필요합니다. 감옥이야말로 일에 지칠 대로 지친 저에게는 가장 편한 휴식처가 될 것 같습니다. 내 학생들은 자비로우신 하느님께서 잘 돌봐 주시겠지요."

천성이 선량한 소르바는 알베리오네의 단순하고 겸손한 태도에 금세 감동하고 말았다. 소르바는 그 자리에서 그 많은 벽돌값을 받지 않겠다고 선언했다. 알베리오네는 그의 관대한 처사에 고마워하면서 밥을 굶는 한이 있어도 그 빚은 다 갚겠노라고 단호하게 말했다. 소르바가 펄쩍 뛰었다.

"제발 그만두십시오, 신학자님. 당신은 지금도 뼈와 가죽만 남아서 마치 옷걸이에 옷을 걸쳐놓은 것 같은 형상이에요. 어서 돌아가십시오. 오늘 이 시간부터 벽돌 얘기는 그만 합시다."

그러나 벽돌 논쟁은 소르바의 말처럼 끝날 수가 없었다. 그 사건을 겪고 난 신학자와 학생들이 열심히 일을 한 탓에 벽돌이 너무 많이 남아서 소르바의 벽돌보다 싼값으로 팔 수밖에 없었기 때문이다. 소르바는 다시 화가 나서 달려왔다. 그러나 가난한 신부와 학생들의 살기 위한 방도였을 뿐 아무런 저의도 없다는 것을 알자 또 물러설 수밖에 없었다. 소르바는 이렇게 투덜거렸다.

"알베리오네 신부님, 도대체 뭐가 뭔지 모르겠습니다. 당신은 빚을 갚지 않고도 감옥에 들어가지 않더니 이제는 벽돌 장사까지 해서 나를 골탕 먹이는군요. 그러면서도 오히려 내가 감사해야 한다고 주장하니……. 하여튼 신부님의 배짱에는 당할 수가 없습니다."

복자 알베리오네는 이상주의자였다. 그러나 현실적인 이상주의자였다. 그는 훌륭한 사업을 계획한 대로 모두 이루어 나갔다. 그는 단순하고 용기 있고 강직한 사람이었기 때문이다. 정말 영웅적이라고 할 수밖에 없는 놀라운 신덕과 망덕을 지닌 사람이었다.

## 앞으로 앞으로

### 점진적인 발전

1920년에 알바의 큰 건물이 완성되어 1914년부터 살던 작고 초라한 집을 떠날 수 있게 되었다. 이제는 새로운 성소자들을 마음놓고 받아들일 수 있게 되었다.

하느님의 뜻은 인간의 힘으로는 도저히 해결할 수 없는 곤경 속에 이루어져서 놀라운 성공을 가져다 주었다. 이러한 하느님의 뜻을 수없이 체험해 온 복자 알베리오네는 이렇게 말했다.

"절박한 사태에 부닥친 적이 한두 번이 아닙니다. 꼭 해결해야 하는데 해결될 희망이라곤 조금도 없어 보여 절망에 빠지지 않을 수 없던 때도 많았습니다. 그러나 그럴 때마다 내가 한 것은 통회하는 마음으로 기도하며 은총 지위에 머물고자 하는 끊임없는 노력입니다. 기도하면서 나의 부족한 점이나 나약한 면을 인정하고 어떤 소죄라도 범하지 않으려고 노력하노라면 생각조차 못하던 해결책이 생겨났습니다. 대부분이 돈 문제였는데, 이자 없이 돈을 빌려 줄 사람이 나타난다든지, 거액의 기부금이 들어온다든지, 하여간에 인간의 말로는 표현할 수 없는 여러 방법으로 어려움이 해결되었습니다.

내게 빗발치듯이 쏟아지던 비난이 언제부터 사라졌는지 나는 모릅니다. 당장 끝장이 날 것처럼 파국으로 몰고 가던 궁핍이 언제부터 내 앞에서 사라졌는지도 모릅니다. 피곤하고 고달프고 고통스럽던 모든 것은 언제나 평화롭게 해결되었습니다.

가난뱅이였던 내게 무모하게 돈을 빌려 준 선량한 사람들은 한 푼도 손해를 보지 않았습니다. 우리에게는 아무런 담보물도 없었지만, 건축업자나 건축자재상들은 걱정 없이 일을 해주었고 자재를 대주었습니다. 그리고 그들은 믿었던 대로 후한 보상을 받았습니다. 특히 은인들은 세 배, 네 배로 후한 상을 받았습니다.

그런가 하면 나는 나를 반대하는 사람들 때문에 몹시 고통스러웠습니다. 그들에게서 반대를 받아서 그런 것이 아니라, 그들이 훌륭한 신앙을 가졌지만 결코 하느님께 사랑을 받지 못하리라는 것을 알았기 때문입니다. 그러나 훨씬 더 많은 사람들이 우리 수도회에 젊은이들을 보내 주고 여러 가지로 우리를 도와주었음을 알기 때문에 내 고통은 가벼워졌습니다."

### 분명히 하느님께서 도와주셨다

하느님은 당신을 두려워하는 사람들을 모른 척하시는 일이 없다. 알베리오네 신부는 두려움을 모르는 용감한 사람이었지만 또한 하느님을 두려워할 줄 아는 사람이었다.

"나는 경솔한 짓을 할까 봐 늘 두려웠습니다. 성소자들을 받아들일 때마다 과연 이들이 끝까지 자신의 성소를 지키면서 사도직을 수행해 나갈 수 있을까 하는 불안 때문에 나는 늘 두려웠습니다. 내가 용기를 낼 수 있었던 것은 지도 신부님의 말씀 때문이었습니다.

하느님은 당신보다 당신의 일을 더 잘 아시고, 더 많이 염려하시고, 배려하십니다. 아무 걱정 말고 앞으로 나아가십시오."

그는 또 기도하면서 주님의 말씀을 들었다.

"너는 잘못할 수 있지만 나는 잘못하지 않는다. 성소는 나에게서 시작되는 것이지 너에게서 시작되는 것이 아니다. 이것이 바로 바오로 가족 안에 내가 있다는 표지이다."

알베리오네는 폐결핵의 악화로 생명이 위태로운 때도 있었으나 하느님의 섭리에 모든 것을 맡겼다.

"내 사업이 아니라 하느님의 사업이니 그분이 계속하실 텐데 왜 두려워하는가?"

이러한 겸손과 신뢰는 언제나 그를 평화롭게 해주었다.

### 확신과 계획

수도회 설립 당시 신병으로 고생하던 무렵의 어느 날, 복자 알베리오네는 꿈에 스승 예수님을 뵈었다. 광채에 휩싸인 예수께서 그에게 이렇게 말씀하셨다.

"두려워하지 마라. 내가 너희들과 함께 있겠노라. 여기(제대 위 감실)서 비추겠노라. 죄를 뉘우쳐라."

그는 영성 지도신부에게 이 사실을 말씀드렸다. 지도신부는 그를 격려했다.

"걱정하지 마시오. 꿈이든 생시든 주님의 말씀은 거룩한 것입니다. 당신과 모든 회원들에게 생명과 빛이 될 말씀입니다. 더욱 전진하십시오."

주님의 말씀에 의해 성체는 바오로 가족의 원천이며 중심이 되었다. 모든 것은 성체에게서 빛을 받아 시작되었다. 바오로 가족의 모든 성당 제대 벽에는 이 구절이 적혀 있다.

"여기로부터(Di qui)."

바오로 가족의 기도는 고유한 성체조배로 바쳐지며, 회원들은 이 성체조배에서 사도직의 원천을 길어냈다.

알베리오네는 자신이 이끌어 가는 특수한 사도직 때문에 곤경에 부딪칠 때가 많았다. 1921년에는 토리노에서 생명을 잃을 뻔한 위험도 겪었다. 그러나 이 어려움은 그의 창의력과 활력을 더해 주는 촉진제 역할을 해주었다.

알베리오네와 바오로 가족들은 모든 것이 성체로부터 받은 은총임을 알고 있었다. 그는 수도생활 안에서 하느님의 것과 인간의 것을 잘 분별할 수 있게 되었다.

"모든 영광은 오직 하느님께만 있고
우리에게는 비참이 있을 뿐이다."

이러한 겸손을 바탕으로 그가 이끌어 가는 사도직은 확고히 다져졌고 놀랄 정도로 발전해 나갔다.

### 수도회의 발전

복자 알베리오네는 로마에서 열린 국민일치대회(Congresso dell'Unnione Popolare)에 교구 대표로 참석하게 되었다. 그때 그는 처음으로 성바오로 사도의 묘를 찾아가 기도할 기회를 가졌다. 기도하는 중에 그의 머리에 떠오른 것은 성바오로수도회가 로마로 진출해야 한다는 것이었다.

1926년 1월 14일, 그는 소신학교 학생 14명과 복자 자카르도를 로마로 보내 오스티엔세에 자리잡게 했다. 그 뒤를 이어 성바오로딸수도회의 수녀들도 로마로 보냈다. 1928년부터는 수도원 건물 건축에 착수했다. 1936년에는 알베리오네가 자리를 옮김으로써 수도회의 총본부는 로마에 자리잡게 되었다. 로마에 수도회 본부를 둔 이유는 분명했다.

"바오로 가족이 교황청에 좀더 잘 봉사하기 위해서, 즉 교서敎書와 교회의 정신과 교리를 전하는 책들의 출판을 제일 첫 자리에 두는 사도직을 좀더 신속하게 수행하기 위해서는 본부가 로마에 있어야 한다고 느꼈기 때문입니다. 알바에 있을 때는 사도직의 범위가 이탈리아 국내였습니다. 그러나 로마에서는 사도직의 범위가 전세계로 넓어졌습니다. 지금까지 우리 바오로 가족이 성장해 온 과정은 작은 시냇물이 흘러가면서 큰 강을 이루는 것에 비할 수 있습니다. 처음 고이기 시작한 것은 보잘것없는 빗물이나 얼음이 녹은 물이었지만, 함께 모여 흘러내리면서 점점 큰 물줄기를 이룬 것입니다. 이제 큰 강을 이룬 이 물줄기는 계속 흘러가면서 비옥한 평야에 흡족한 수분을 주어 곡식을 자라게 하고, 또 전기까지 일으킬 것입니다."

이렇게 말한 복자 알베리오네는 물을 한 곳에 가둬 두지 않았다. 하느님 안에서 영원히 누릴 축복을 미리 내다본 그는 망설임 없이 이 물줄기들을 전세계로 아낌없이 흘려보냈다. 모든 이의 선을 바라

복자 알베리오네

시는 하느님의 뜻을 알아차린 것이다.

　바오로 사도처럼 기쁜 소식을 전하는 성바오로 회원들은 세계 곳곳에서 큰 나무로 자라 가지를 뻗어 나갔다. 알베리오네도 한 자리에 머물러 있지 않았다. 그는 잠을 제대로 못 자면서도 지칠 줄 모르는 강인한 의지로 세계 곳곳을 찾아다녔다.

### 종신 총장

　복자 알베리오네의 성덕이 뛰어남을 말해 주는 또 한 가지의 증거는 자신의 임무에 대한 겸손한 태도이다. 그는 1935년에 성바오로수도회의 수도생활 쇄신 및 총장과 총평의원 선거의 필요성을 느껴 교황청 수도자성修道者省으로 다음과 같은 내용의 편지를 보냈다.

　"저는 이 지상에 더 있을 자격이 없는 사람입니다. 저 대신 일할 사람이 와야 합니다. 제 자리를 대신할 사람을 위하여 하느님의 충만한 은총과 빛과 위안을 내려 주시기를 기도드립니다."

　그러나 수도자성은 성바오로수도회의 역사가 짧다는 이유로 그의 청원을 받아들이지 않았다.

　복자 알베리오네는 1946년 주님 공현 대축일에 다시 한번 이 문제를 제기하였다. 그러나 첫 총회가 열린 것은 1957년이었다. 알바노 라지알레에서 개최된 이 총회에서 알베리오네가 의장을 맡았다. 4월 11일에 총장을 선출하는 선거가 있었다. 알베리오네가 만장일치로 당선되었다. 그는 이미 나이가 많은데다 그동안 부족한 점도 많았노라며 사양하였으나, 수도자성의 라라오나 추기경은 그를 총장으로 승인하였다.

　1969년 4월 24일에 2차 총회가 회원들을 위한 피정의 집인 '스승 예수의 집'에서 열렸다. 8월 5일에 다시 열린 총선거에서 총평의원들은 알베리오네에게 종신 총장의 명예직을 수여했다. 그러나 알베리오네가 이미 노령이었으므로, 실무를 맡아 볼 총장을 뽑기 위한 선거를 실시했다. 1971년 아리차에서 2차 총평의원들의 회의가 열렸다. 알베리오네도 그 회의에 참석하였다. 그야말로 총평의원들에게 마지막 인사를 나누기 위한 참석이었다. 그날은 1971년 7월 2일이었다.

## 공의회 참석

그 사이에 알베리오네의 이름은 교회의 성직자들과 교황께도 잘 알려져 있었다. 제2차 바티칸 공의회 때는 대수도회 총장들과 함께 그도 초청을 받았다. 교회에 대해 특별한 사랑을 지닌 그는 1962년 10월 11일부터 1965년 12월 8일까지 계속된 공의회에 한 번도 빠지지 않고 참석하는 충실함을 보였다.

그는 시간도 정확하게 지켰다. 공의회 의원들이 아직 반도 오지 않은 이른 시간에 회의장에 도착하면 그의 자리로 지정된 중앙 오른쪽 자리에 조용히 앉아서 묵주기도를 바치거나 또는 미사가 봉헌되면 미사에 참례하였다. 회의가 진행되는 동안에는 교부들의 말을 경청하면서 중요한 것은 메모하기를 잊지 않았다. 휴식시간이면 주로 가난한 제3세계의 주교들과 다른 총장들이 담소하는 자리에 합석하곤 했지만, 그는 어디서나 두드러진 인물이 아니었다.

그러나 교황 요한 23세는 그의 특출함을 잘 알고 있었으므로「매스 미디어에 관한 교령」에 대한 토론에 들어가기 전에 그의 의견을 구하기도 했다. 50년이란 긴 세월을 출판, 영화, 라디오, 텔레비전,

음반 등 사회홍보수단을 통한 사도직에 종사해 온 그야말로 그 토의의 중심인물이 될 법한데도, 그는 침묵과 기도로 일관하였다. 비록 그가 드러나게 이야기하지는 않았지만, 토의를 통해 발표된 교서는 그에게 여간 중요한 것이 아니었다. 이미 반세기나 앞서서 그 교서의 내용을 살아온 그의 삶을 교회가 비로소 교서 발표를 통해 공식으로 인준해 준 것이라고 느꼈기 때문이다. 그제야 그 교서가 발표된다는 것은 늦은 감이 있지만, 늦게라도 눈을 뜬 교회가 얼마나 다행스러운가! 그가 기도와 침묵 속에서 겸손한 자세로 공의회에 참석한 것은 바로 교회와 교회의 가르침, 사람들에 대한 그의 사랑을 잘 표현해 준다.

「매스 미디어에 관한 교령」이 반포된 다음 날, 그는 회원들에게 이렇게 말했다.

"우리의 사회홍보수단 사도직이 이제야말로 전세계 교회를 위해 절대 필요한 것으로 인정되었습니다. 그리하여 교회가 모든 성직자, 수도자, 평신도들에게 가장 효율적이고 현대적 선교방법인 출판, 라디오, 영화, 텔레비전, 음반을 사용하도록 장려하고 있습니다. 이러한 결정을 내릴 수 있도록 공의회를 이끌어 주신 성령께 찬미드리며 거듭 청합시다. 교회가 장엄하게 선포한 이 가르침을 모든 이가 따르도록 은총을 내려 주시기를 간절히 청합니다."

## 천국에 가서도……

### 노년기

알베리오네는 70 고령에도 놀라운 활력과 정열을 지니고 있었다. 등에 심한 통증을 느끼는 등 건강이 그다지 좋은 편은 아니었지만, 하루의 업무량을 조금도 줄이지 않았으며 여전히 작은 일까지 관심을 갖고 돌보았다. 그리고 오랜 시간 무릎을 꿇고 기도했을 뿐만 아니라, 사무실에서나 여행할 때나 등을 기대고 앉지 않았다. 그 나이에도 자동차로 다니기보다는 걷는 것을 더 좋아하였다.

80세에 접어들자 이 강건한 육체도 노쇠의 기미를 보이기 시작했다. 놀라운 활동가였던 그는 남보다 몇 배나 더 어려움을 겪어야 했다. 그는 과묵하면서도 저돌적인 행동을 서슴지 않는 용기 있는 사람, 진정으로 사람들을 사랑한 인물이었다. 어떤 어려움 앞에서도 인내롭게 기다리며 반항을 하지 않는 신앙의 사람인 그는 그처럼 활동적이면서도 때로는 거절할 줄도 아는 분별력 있는 사람이었다.

그가 사는 동안 가장 많이 강조한 것은 기도였다. 그는 기도를 "무릎으로 일한다."라고 표현했다. 그는 일하면서도 기도했다. 그에게 기도는 가장 중요한 일과였다. 임종하기 얼마 전까지도 무릎을 꿇고 거의 20시간 가까이 기도한 적이 있다. 그는 모든 것을 완전히 하느님께 드리기 위하여 심한 육체적 고통 속에서도 기도를 드렸다.

  병상에 누운 채 심한 죽음의 고통에 시달리면서도, 그는 조금만 정신이 맑아지면 "나는 일을 해야 합니다. 나는 기도를 드려야 합니다."라는 말을 되풀이했다.

  '아직도 우리 바오로 가족에게 필요한 것은 기도이다. 아니, 어느 때보다도 더욱 기도가 필요한 때이다.'라는 생각이 머릿속에 깊이 박혀 있었기 때문이다. 새벽에 일어나 미사로 하루를 시작해서(그는 고령일 때도 새벽 4시 30분에 미사를 드렸다) 하루의 일과를 끝낼 때까지 온통 그의 마음을 사로잡은 걱정과 바람은 '기도……. 기도드립시다. 함께 기도드립시다.'라는 것뿐이었다. 특히 좋지 않은 소식이 들려오거나 자신의 건강이 악화되면 더욱 기도를 강조하였다.

  "나는 여러분들을 위해서 기도드립니다. 여러분도 나를 위해 기도해 주십시오."

  나이가 많아지자 혼자 있는 시간이 많아졌는데, 그는 그것을 오히려 은총의 기회라며 기뻐했다.

  "사람들이 나를 멀리할 때에 나는 하느님과 만나 자유를 즐길 수 있다."

  이렇게 고독을 즐기면서도 방문객들에게는 한결같이 친절하게 대해 주었다. 그는 "기쁘게 전진하십시오."라는 말과 함께 강복을 해 주었는데, 근육이 굳어 가고 있던 그에게는 손을 움직인다는 것이 큰 고통이었지만 조금도 내색하지 않았다. 시력이 나빠져 책을 전혀 읽을 수 없게 되자, 그는 묵주기도에만 몰두했다. 그는 끊임없이 묵주기도를 드림으로써 성모님께로부터 특별한 사랑과 격려를 받았을 것이다.

### 천국으로 가다

복자 알베리오네는 폐렴과 신장염으로 세상을 떠났다. 1971년 11월 24일부터 26일까지 3일 동안 병상에 누워 있던 그에게 중요한 것은 오직 두 가지뿐이었다. 천국에 간다는 것과 다른 이들을 위해 기꺼이 죽음의 고통을 당한다는 지향이었다.

"모든 이를 위하여 기도합니다."

그는 마지막으로 모든 힘을 다하여 사랑하는 회원들에게 강복을 주었다. 복자 알베리오네의 마지막 말은 이러했다.

"성부여, 제 임종의 고통과 죽음을 세상 끝날까지 존재할 저의 제자들을 위하여 바칩니다."

교황 바오로 6세는 알베리오네의 임종이 가까웠다는 소식을 듣고 급히 달려왔다. 교회를 위한 그의 업적과 높은 성덕에 찬사를 보내며 병자성사를 주기 위함이었으나, 이미 알베리오네가 병자성사를 받은 후였다. 교황이 도착할 때까지 그가 임종하지 않은 것이 오히려 기적이라고 의사들이 말할 정도였다. 교황이 사랑스럽게 "알베리오네 신부님!" 하고 불렀으나 이미 그는 들을 수도 없었고, 볼 수도 없었다. 아무 반가움도 표시할 수 없었다.

"다시 통회의 기도를 바칩시다."

교황은 그의 곁에서 조용히 기도하였다. 교황은 감동한 표정으로 수십 년을 살아온 알베리오네의 검소한 사무실을 둘러보고는 역시 오랫동안 사용해 온 낡은 책상 위에 펼쳐져 있는 방명록에 서명하였다. 교황이 떠난 지 30분만에 알베리오네는 드디어 선종하였다.

1971년 11월 26일, 방에 걸려 있는 시계는 오후 6시 25분을 가리키고 있었다. 교황이 바티칸에 도착하였을 때, 그 소식은 먼저 와 있었다.

### 부활의 날을 기다리며

복자 알베리오네의 유해는 로마 비아 알렉산드로 세베로의 '사도의 모후' 성당에 안치되어 영적 자녀들의 존경과 사랑을 받고 있다. 그의 성덕을 흠모하는 많은 일반 방문객들의 행렬도 끊이지 않고 있다. 성바오로수도회 본부에는 세계 각지에서 그의 전구로 은혜를 받았다는 보고서와 그분께 기도를 청해 달라는 서신들이 많이 들어오고 있다. 사실 알베리오네는 살아있을 때 "천국에 가서도 나는 또 좋은 성바오로 회원이 되고 싶습니다. 천국에서 나는 여러분의 가장 친근한 형제가 될 것입니다."라고 말하며 자신의 굳은 신념을 보여주었다.

알베리오네의 성덕과 업적은 하느님뿐 아니라 교회에 의해서도 인정받았다. 그리하여 교황 요한 바오로 2세는 2003년 4월 27일에 알베리오네를 복자로 선포하기에 이르렀다.

# 업적 제2부

"만일 내가 복음을 전하지 않는다면 나에게 화가 미칠 것입니다."
(1고린 9,16)

"하느님 앞에서 결정하고, 미루지 말고 실천하십시오."
(복자 알베리오네)

# 복음 전파를 위해 새로운 수단을 사용

### 예언자적인 전망

복자 알베리오네의 높은 이상을 잘 알아듣고 이해한 사람은 알바의 교구장 프란치스코 레 주교였다. 레 주교는 젊은 사제의 열망 안에 '하느님의 계획'이 들어 있음을 확신했다. 레 주교가 복자 알베리오네에게 더욱 감동한 것은 그가 계획하는 전혀 새로운 차원의 선교방법이 야말로 세상을 앞서가는 예언적인 것임을 알아 보았기 때문이다. 그러므로 레 주교는 서슴지 않고 자신의 교구에 성바오로수도회가 설립되는 것을 승낙했다. 분명하지는 않지만 복자 알베리오네의 특이한 사업에서 주님께서 비추어 주시는 빛을 보았기 때문이다. 그리하여 레 주교는 젊은 복자 알베리오네에게 큰 힘이 되어 주었다.

"교회는 신자들뿐만 아니라 일반 대중도 받아들일 수 있는, 나아가 인간 사회 전체가 받아들일 수 있는 출판, 영화, 라디오, 텔레비전 등의 사회 대중매체를 통해 선교할 의무를 가지고 있다."

이것은 1914년에 한 젊은 사제가 품었고, 이제 전세계 곳곳에서 그의 뜻을 이어 나가는 많은 수도자들의 손으로 이루어지고 있는 선교방법이다. 이 선교방법은 "너희는 온 세상을 두루 다니며 모든 사람에게 이 복음을 선포하여라."(마르 16,15)라는 주님의 말씀에 충실한 바오로 가족의 사도들에 의해 계속될 것이다. 그리고 이것은 시대와 상황에 가장 적합한 새로운 문명의 수단을 사용하라는 설립자의 현명한 이상을 따르는 그들에 의해서 나날이 더욱 새롭게 변모되고 그 적용범위가 넓어질 것이다. 이것이야말로 복자 알베리오네의 뛰어난 업적이다. 그는 고정되거나 위축되는 일 없이 현재에 가장 잘 맞는 훌륭한 수단을 찾아 끊임없이 전진해 나가도록 추진할 힘을 우리 모두 안에 심어 놓은 것이다.

### 복음 전파

복자 알베리오네는 특히 성서를 사랑했다. 성서가 그의 손에서 떠나는 일이 없었다. 바오로 가족의 모든 수도원에서는 성당은 물론이고, 도서실, 응접실에까지 성서를 펼쳐 놓아 모든 이가 어디서나 성서를 쉽게 볼 수 있도록 했다. 그의 가장 열렬한 바람은 이 세상이 성서 말씀으로 살아가는 것이었다. 그래서 그가 가장 먼저 착수한 것은 성서 출판이었다. 그는 더 많은 성서를 만들어 내어 모든 사람이 쉽게 읽고 성서와 가까이 살도록 함으로써 말씀을 통해 사람들 사이에 친교가 이루어지기를, 사람들이 하느님의 말씀 안에서 완전히 융화됨으로써 이 세상에서 천국이 시작되기를 바랐고 또 그렇게 실천했다. 복자 알베리오네가 가장 열렬히 사랑한 성인이 사도 바오로였는데, 이 사도를 바오로 가족의 수호성인으로 삼은 의도에서 그의 성서에 대한 열렬함을 잘 볼 수 있다. 그는 바오로 사도를 자기 삶의 모범으로 삼았다.

"내가 만일 복음을 전하지 않는다면 나에게 화가 미칠 것입니다. …… 여러분이 연구하고 생각할 것은 모든 진리, 모든 좋은 것, 모든 정의로운 것, 모든 거룩한 것, 모든 사랑스러운 것입니다. 그리스도께서 여러분 안에서 형성되고 하느님께서 모든 것 안에 모든 것이 되기 위하여……."

제1차 세계대전이 끝난 직후, 세계적인 경제 공황기가 닥쳐왔다. 이탈리아의 유력한 신문사들도 경영난을 겪어야 했던 이 시기에 복자 알베리오네는 바로 신문과 출판을 통해 하느님의 말씀을 전세계에 전파할 꿈을 꾸고 있었다.

### 하느님의 뜻대로

복자 알베리오네는 비범한 이상과 강한 의지를 가진 신념의 사람이었지만, 자기 혼자만의 힘으로는 이 이상을 실현할 수 없다는 점을 알고 있었다. 1960년에 그는 이런 말을 했다.

"새로운 시작, 발전, 새로운 정신의 사도직, 새로운 방법의 전파……. 이 모든 것을 오직 순명 안에서 실천했습니다. 나는 어떠한 일 앞에서도 다음의 세 요소를 확인하는 것을 잊지 않았습니다. 첫째, 하느님에게서 온 영감인가를 확인하고 둘째, 지도신부님의 의견을 듣고 셋째, 나의 어른인 주교님의 지시를 받은 다음에 행한다는 것입니다."

그가 설립한 수도회를 교회가 교구 수도회로 인정한다는 서명을 교황 비오 11세로부터 받자, 그는 "이제는 확실한 하느님의 뜻임을 논의할 여지가 없습니다."라고 말했다. 교황에 대한 그의 순명정신을 잘 볼 수 있다.

"우리의 기쁨을 교황 성하와 완전히 일치시켜 모든 것을 그분의 뜻대로 행하는 순종 안에서 죽을 때까지 충실히 삽시다."

### 하느님 말씀의 사도

제2차 바티칸 공의회의 중요한 결정은 「계시헌장」에 잘 나타나 있다. 공의회는 이 교령을 통해 교회의 유익을 위해 어떤 방향으로 나아갈 것인가를 명철한 직관으로 분명히 제시했다. '하느님의 말씀'은 교회 일치의 근원이요, 교회를 성장케 하는 양식이다. 믿는 이들도 '하느님의 말씀'을 통하여 자신 안에 그리스도의 현존을 실현시켜 나간다.

복자 알베리오네는 교회가 이제 천명하고 나선 '하느님의 말씀'을 이미 자신의 것으로 삼고 있었다. 알베리오네는 바로 이 '하느님의 말씀'을 위하여 '선택되고' '파견된' 사람이었다.

"성체조배 때 주님께서 바오로 가족에게 바라시는 것은 충실하게 복음 전파에 임하는 것임을 더욱 깊이 느꼈습니다."

주님께 받은 영감에 대한 복자 알베리오네의 말이다. 그는 이 영감을 이렇게 실천해 나갔다.

- 교리시간에 성서를 가르치도록 하고, 각 가정마다 성서를 보급한다.

- 성서의 해석은 교회의 가르침을 따라야 한다. 교리서에서 신앙, 도덕, 전례에 대해 설명해야 한다.
- 성서는 거룩한 말씀이므로 정성스러운 마음으로 읽고 보존해야 하며, 사제는 성서를 토대로 강론을 해야 한다. 성서를 마음과 정신 안에 깊이 새기고 실천에 옮겨야 한다.

당시에는 성서에 대한 이해가 부족해서 성서를 읽는 사람이 극소수였다. 일반신자들은 물론이고 수도자나 성직자들까지도 성서를 제대로 모르는 실정이었으므로, 그는 이를 걱정한 나머지 자신이 지도하던 신학생들과 함께 적극적으로 성서 보급 운동을 펼쳐 나갔다.

복자 알베리오네는 「성무일도」의 성 체칠리아 축일에 나오는 말씀을 깊이 묵상하였다.

"체칠리아 동정녀는 언제나 가슴에 성서를 간직하고 다녔다. ……"

알베리오네도 역시 일생을 성서와 함께 살았다. 그리고 그의 열렬한 복음 전파 정신은 그를 따르는 바오로 가족의 많은 아들과 딸들을 통해 풍부한 결실을 맺었다.

"성서 보급은 우리 사도직의 첫 번째 임무입니다. 우리는 말씀으로부터, 말씀을 위하여, 말씀 안에서 태어났습니다. 우리의 모든 출판물, 영화, 라디오, 텔레비전, 음반은 언제나 하느님의 책인 성서에서 기인하는 성서의 메아리, 성서의 연장, 성서의 실천이어야 합니다."

이러한 사상을 살아간 복자 알베리오네에게 가장 훌륭한 안내자는 바오로 사도였다.

### 바오로 사도의 특은

복자 알베리오네의 생애는 바오로 사도가 입은 예언적, 사도적 특은의 재현이었다. 인간적인 것을 초월한 두 인물, 뛰어난 정신을 지닌 두 거장이라고 보면 된다.

복자 알베리오네에게 바오로 사도는 다음과 같은 존재로 받아들여졌다.

"천상의 스승을 온전히 알아본 제자, 스승의 심오한 신비, 즉 스승이시고 제물이시며 사제이신 그리스도를 온전히 알아본 그는 우리에게 길, 진리, 생명이신 그리스도를 보여 주었다."

복자 알베리오네는 어느 면에서 보면 오늘의 바오로 사도이다. 그는 바오로 사도의 열정을 그대로 지녔다.

"여러분의 스승은 그리스도 한 분뿐이십니다. 현대 기술이 제공하는 가장 신속한 방법으로 모든 인류에게 복음을 전하십시오. 하느님께 봉헌된 모든 사제들은 시대에 보조를 맞추어 가장 훌륭한 수단으로 복음 전파와 진정한 인간의 자유와 발전을 위하여 봉사하십시오."

### 영원한 교의, 새로운 방법

복자 알베리오네는 시대의 표징에 민감했다. 그러므로 복음 전파를 위해서는 출판뿐 아니라 새로운 수단으로 등장한 영화, 라디오, 텔레비전, 음반 등 모든 매체를 이용해야 한다고 주장했다. 그는 시대의 발전에 따른 새로운 방법을 이용하지 않는 것이 곧 세상을 잃는 것이라고 생각했다. 그는 최선을 다하여 모든 것을 이용하고, 파악하고, 성화시켜 나갔다.

모든 사람에게 생생한 음성으로 복음을 전파하기 위하여 성바오로수도회에서 시도한 단파방송은 바로 이탈리아 단파방송의 효시가 되었다. 그는 모든 새로운 기술을 사도직에 이용했다. 예언자적인 안목을 가진 그는 현대인이 요구하는 것이 무엇인지를 알았다.

"단순한 기술만으로는 부족합니다. 완전한 사도가 되기 위해서는 완전한 전문가가 될 필요가 있습니다. '선이라는 목적'에 도달하기 위하여…… 선을 행하십시오. 교회 안에서뿐만 아니라 가정에서, 직장에서, 거리에서, 오락장에서, 그곳이 어떤 장소이든 간에 영화, 라디오, 텔레비전, 책, 신문, 음반, 카세트 테이프, 만화 등 모든 방법을 다 이용해서 대중에게 선을 전달할 방법을 찾아야 합니다.

대중은 지금 반그리스도교적 사상에 물들어 가고 있습니다. 그러므로 우리의 인쇄기와 모든 새로운 기술들은 곳곳에서 스승 그리스도의 맥박이 되어 뛰도록 해야 합니다. 우리가 늙고 병들더라도 우리의 사도직은 결코 멈추지 않을 것이며, 우리 자신은 소멸할지라도 사도직은 끊임없이 진보하여 모든 이들에게 선을 전파할 것입니다.

우리는 아주 보잘것없는 것으로 우리의 사업을 시작하였으나 하느님의 뜻을 실현한다는 뛰어난 특성 때문에 끈질기게 이어지고 또 드높여질 것입니다. 또 모든 저속한 것을 앞질러 사람들의 품위를 높이기 위해서는 그것들과의 경쟁도 필요합니다."

### 바오로회 사도직으로서의 출판

복자 알베리오네는 출판이란 단어에 자기 나름의 독특한 의미를 덧붙였다. '에데레'(edere)라는 라틴어는 "출판하다"라는 뜻 외에

"출산하다, 빛을 주다"라는 뜻도 가지는데, 그는 이 단어를 거룩하신 마리아께 적용하여 마리아를 '에디딧'(Edidit, "구세주라는 빛을 낳으신 분"이라는 뜻)이라 불렀다. 이와 같이 출판이라는 단어의 참된 의미를 우리의 생활과 문화의 모든 면에 스며들게 함으로써 복음이 빛을 내야 한다고 생각한 것이다. 또한 출판물이란 책뿐만 아니라 영화, 텔레비전, 라디오, 음반 등 모든 분야를 포함하므로 바오로 가족은 이 모든 것에 주력하여 봉사해야 한다고 정의했다.

사실 이러한 출판물들은 시대와 사람들의 필요성을 최대한으로 채워 주었다. 복자 알베리오네는 '이상理想이 우주의 주춧돌'임을 잘 알고 있었다.

"이상이야말로 변혁을 낳게 한다. 이상은 모든 행동을 조정하는 키 역할을 한다."

우리 시대에 의미와 희망을 주는 메시지인 성서를 널리 퍼뜨리기 위하여 '다른 이들이 악을 퍼뜨리는 데 이용하는 방법을 우리도 사용할 줄 알아야 한다.' 세상이 진리에 목말라 한다는 것을, 어떤 위안과 양식을 찾고 있다는 것을 알아야 한다.

"첫째로 구원의 주춧돌이 되는 원칙을 주십시오. 모든 사상이나 지식이 오직 성서를 통하여 사람의 마음에 스며들게 하십시오. 종교만이 아니라 인간의 모든 면을 얘기해 주십시오. 언제나 그리스도인답게 얘기하십시오. 사회, 교육, 지리학, 통계학, 예술, 역사, 인간의 진보에 대한 것을 이야기할 때도 신앙을 근거로 삼아 지혜롭게 이야기하십시오."

예수의 파견자로 복음의 정신을 살고자 한다면 이러한 정신과 지혜가 필요하다.

"여러분은 세상의 소금이며 빛입니다. 여러분은 세상을 비출 산

위의 도시입니다."

이것이 '천상 스승의 사상이다.' '모든 문제, 모든 현실이 성서의 빛으로 비추어져야' 하고, '어떤 문제 안에서나 교회의 현존을 느끼게 해주어야' 한다. 우리의 모든 의문에 대한 대답은 성서 안에서 찾을 수 있다.

### 방황에 대한 해답

복자 알베리오네는 현대의 모든 분야, 즉 학문이나 기술이나 사상의 흐름이 하느님에게서 멀어지는 방향으로 가고 있다고 신랄하게 지적하였다.

학문의 발전, 기술의 진보, 경이로운 발명, 이 모든 것은 이미 창세기에서 볼 수 있는 것들이다. 모든 것은 하느님의 창조로 이루어졌다. 그래서 인간에게 주어진 능력들은 하느님께 봉사하는 데에 쓰여야 한다. 그렇지만 어디에서 와서 어디로 가는지, 또 왜 살고 있는지 모르는 많은 이들은 모든 학문이나 기계문명을 단지 인간을 만족시키기 위하여 소모하고 있다. 우리는 이 모든 것의 근원이 무엇이고, 왜 내게 주어졌고, 또 어떻게 쓰여야 할지를 물어야 할 것이다. 현대의 사람들은 하느님께로 가는 길이신 그리스도의 계시를 통하여 학문을 발전시켜 가야 한다는 사실을 매우 자주 잊어버린다. 우리가 자신의 이성을 맑게 하여 하느님의 계시를 받아들인다면 모든 것 안에서 하느님을 볼 수 있으며, 실제로 그렇게 되도록 준비하는 데에 모든 능력을 사용해야 할 것이다. 사도는 모든 이에게 이 길을 비춰 주어야 한다. 지성인들의 마음을 '이성에서 계시로, 인간적인 학문에서 신적인 학문으로' 들어올릴 수 있도록 바꾸어 놓아야 한다. 또한 모든 것을 받아들일 준비는 되어 있으나 무지와 가난 때문에 하느님을 찾지 못하는 이들을 단순한 진리와 사랑의 길로 이끌어 주어야 한다. 모든 학문과 진리, 사랑의 불꽃은 천상의 스승에게서 온다. 그분의 복음은 모든 이의 필요를 충분히 채워 주고, 모든 시대 모든 인간의 청원을 채워 줄 수 있다. 이 세상에 길, 진리, 생명이신 그리스도를 주는 것이 무엇보다도 시급하다.

# 바오로 가족의 창립

(5개의 수도회와 4개의 재속회 및 협력자회)

## 성바오로수도회

복자 알베리오네는 새 시대의 모든 요구를 충족시킬 수 있는 새로운 사도의 필요성을 느껴 이방인의 사도인 바오로의 보호 아래 바오로 가족을 설립했다.

"하나의 뿌리를 가진 나무가 많은 가지를 뻗고 아름다운 꽃을 피울 것입니다."

교황 바오로 6세는 바오로 가족을 다음과 같이 표현했다.

"여기 하늘 아래 서 있는 큰 나무처럼 우리의 시선과 마음을 끌어당기는 한 단체가 있습니다."

성바오로수도회는 복자 알베리오네가 사도 바오로의 보호 아래 설립한 바오로 가족 중 첫 수도회이다.

"우리는 그분(성바오로)으로 말미암아 탄생했고, 그분에게서 영양을 받아 섭취하며 자라났고, 그분의 정신을 모두 받았습니다."

성바오로수도회는 1914년 8월에 알바에서 '인쇄기술학교'로 첫걸음을 내디딘 이래로 많은 젊은이들의 호응 속에서 기적적으로 번성하여 오늘의 모습으로 성장하였다. 1921년 10월 5일에는 설립자 알베리오네가 알바 교구의 교구장 프란치스코 레 주교의 집전으로 종신서원을 했다. 함께 생활하던 15명의 젊은이들은 유기서원을 했다. 아직 수도회가 교회 인가를 받지 못하였기 때문에 공적 서원은 아니었다. 그러나 알베리오네는 서원 기념 상본에 수도회와 수도서원이라는 명칭을 인쇄하기를 꺼리지 않았다. 이렇게 하여 사제들과 수사들로 형성된 대가족의 첫 수도회가 탄생하였다.

1926년 1월에 복자 알베리오네는 복자 자카르도를 원장으로 임명하고 수도회를 로마에 진출시켰다. 그로부터 10년 후에 복자 알베리오네도 로마로 옮겨 왔고, 그때부터 로마는 수도회의 총본부가 되었다. 세계의 관문인 로마는 모든 인류를 향해 가는 길목이다. 따라서 성바오로수도회의 로마 진출은 "사도들은 로마에서 전세계를 향해 떠난다."라는 바오로 사도의 사상을 따른 것이다.

"하느님의 말씀을 매어 놓아서는 안 됩니다. 하느님의 말씀은 자유롭게 전파되어야 합니다."

이 말은 바오로 사도의 신조이며, 복자 알베리오네의 신조이기도 하다. 또한 성바오로수도회 사제의 첫째 의무는 사도인 동시에 저술가여야 한다는 것이 복자 알베리오네의 사상이다.

"사제 저술가들이여, 미사를 봉헌하는 일 이외의 시간에는 글을 씀으로써 우리 자신이 수로水路가 됩시다. 이 수로를 통해 그리스도의 피가 그분의 심장에서 흘러나와 우리 마음을 채우고, 다시 우리 독자들에게 넘쳐흐르게 합시다. …… 사제 저술가들이여, 그대들이 하는 일의 결과는 그대들의 펜보다도 그대들의 무릎 꿇음에, 그대들의 기교보다도 그대들이 집전하는 미사에, 그대들의 지식보다도 그대들의 양심성찰에 따라서 결정됩니다.

평신도 저술가들은 빛의 반사경입니다. 그대들은 그들에게도 길을 보여 주고 생명을 불어넣어 주어야 합니다. 세례자 성 요한과 성바오로가 그러했듯이 끊임없이 외치십시오. 사람들로 하여금 죄를 경계하게 하고, 그대들의 덕을 보이고, 표양의 힘과 성령의 힘을 전달하십시오."

성바오로수도회 사제들의 사명은 위와 같은 말로 나타나야 한다. 다른 것을 추가하거나 설명을 덧붙일 필요는 없다. 또한 성바오로수도회의 특징이라면 사제들과 수사들이 같은 정신으로 출판 사도직의 기술 분야와 보급 분야를 담당하면서 함께 생활한다는 것이다. 수도회 창립 당시부터 수사들이 사제들과 함께 생활하는 삶을 생각해 온 복자 알베리오네는 1928년부터 수사를 지망하는 지원자들을 받아들였다.

"그들(평수사)은 왜 사도직에 참여할 수 없습니까? 그들은 왜 사제들의 사도적 활동과 그 열의에 참여할 수 없습니까? 수사들은 우리에게 큰 힘입니다. 그들은 실천에 있어서는 보잘것없는 것처럼 보일지라도 지향에 있어서는 뛰어납니다. 저술하는 사제와 그것을 출판하고 보급하는 기술직의 수사, 바로 이것이 제자의 소명입니다."

또한 수사들은 사회가 나쁜 서적이나 저질 영화나 방송 때문에 범하는 죄를 보속하는 고행의 사도직을 수행한다. 그들은 보이지 않는 곳에서 거룩한 생활로써 모범을 보이며 출판 사도직을 수행해 나간다. 복자 알베리오네는 보급 분야에서도 회원들이 걸어가야 할 길을 뚜렷하게 제시했다.

"보급하는 일을 상업적인 업무가 아니라 영적인 업무로 생각하고 행하십시오. …… 단순한 공장이 아니라 영혼들을 구하기 위한 공장으로 생각하고 일하십시오. …… 눈에 보이는 돈이 아니라 영원한 보화를 생각하고 일하십시오."

복자 알베리오네가 가장 우려한 것은 성바오로수도회의 출판 사도직이 순수한 목적을 벗어나 상업적인 길로 빗나갈 수도 있다는 점이었다. 그는 자신이 택한 사도직의 형태가 많은 사람들에게서 오해와 비판을 받으리라는 것도 미리 내다보았다.

"우리는 이 사도직을 취미나 이익을 위해서 또는 출판사업 자체를 위해서 수행하는 것이 아닙니다. 우리는 바로 이 출판 사도직을 통하여 하느님을 찾는 것입니다. 사제의 강론은 기술적인 방법으로 기록되고 보존되어야 합니다. 우리는 이렇게 보존된 말씀을 전파하기 위하여 교회 안에 있는 것입니다. 우리의 사도직은 스승 예수의 사도직을 계승한 것입니다. '너희는 모든 이에게 복음을 전하라.' 우리에게 이 말씀을 따르는 것 외에 다른 목적이란 있을 수 없습니다."

복자 알베리오네 자신은 이러한 확신을 지니고 있었지만, 회원들이 이 확신을 잘 알아듣지 못하여 상업적인 길로 잘못 들어서거나 남에게 그러한 인상을 주게 될까 봐 늘 걱정하고 고통스러워했다.

"우리의 서원書院은 사도직 활동의 중심입니다. 서원의 지침은 성바오로 사도와 복음서에 있습니다. 이를테면 장사가 아니라 사람들을 위한 봉사라는 점입니다."

그러므로 복자 알베리오네는 모든 이들을 위해 항상 새로운 방법으로 다가가되, 교회 전통에 대한 충실성에 기초를 두고 사도직을 실천해 나가야 한다고 강조했다. 또한 이러한 확신 속에서 새로운 것을 받아들여야 하지만 현명함과 균형감각을 바탕으로 하여 신앙의 진리를 보여 주어야 한다고 늘 주장했다.

1950년대에 들어서면서 '현대, 개방, 진보' 등의 새로운 단어들이 범람하기 시작하자, 복자 알베리오네는 다음과 같이 분명한 말로써 교회의 본질은 변할 수 없는 것임을 새삼 확인시켰다.

"오늘 우리 시대에는 새로운 교육, 새로운 생활양식, 새로운 형태의 훈련 등이 필요하다고 주장하는 이들이 많습니다. 그러나 나는 이렇게 대답하고 싶습니다. '성덕의 본질은 변할 수 없습니다. 성덕은 언제나 성서 말씀대로 길, 진리, 생명이신 그리스도 안에서 사는데에 있습니다. 그러므로 섬세하다는 것이 곧 엄숙주의는 아닌 것처럼, 개방주의라는 것도 현대적인 것이라기보다는 속된 심성의 표현일 뿐입니다.'"

복자 알베리오네의 가르침은 한결같았다.

"사도는 자신의 마음 안에 하느님을 모심으로써 주위를 비추는 사람입니다. 사도는 먼저 자신 안에 보화를 쌓음으로써 주위 사람들에게 넘쳐흐르도록 해야 합니다."

### 성바오로딸수도회

여기 또 하나의 '하느님께로 가는 길'이 있다. "너희는 온 세상을 두루 다니며 모든 사람에게 이 복음을 선포하여라."(마르 16,15)라고 하신 스승 예수님의 말씀을 가장 충실히 살아간 사도 바오로의 정신을 따라 성바오로딸수도회가 세워졌다. 이 수도회야말로 복자 알베리오네의 사업이 하느님의 섭리에 의해서 확장되어 간다는 표지라고 할 수 있다.

복자 알베리오네는 1908년에 이미 '사제의 열의에 협력하는 여성'이라는 글을 썼고, 진작부터 여성의 존엄성과 능력을 인정하여 성바오로딸수도회를 설립할 계획을 가지고 있었다. 이 계획은 오랫동안의 묵상과 기도를 통해 더욱 구체화되었고, 마침내 스승 예수를 중심으로 하여 특수한 사도직을 실천할 성바오로딸수도회를 설립함으로써 빛을 보게 되었다. 복자 알베리오네는 새롭게 탄생한 성바오로딸수도회의 수녀들이 여성, 동정녀, 봉헌된 자, 사도로서 자신이 가진 자질을 다 쏟아 부어 사제의 직무, 특히 바오로적 사제 직무에 긴밀히 협력하기를 원하였다. 그는 남성에 의해 지배되던 당시의 사회에서 "교회가 성바오로의 딸들에게 맡겨 준 것은 복음화의 사명입니다. 복음을 전하되 여러분의 본성을 따라서, 즉 여성으로서, 수녀로서 할 수 있는 대로 온 힘을 다해 복음화하십시오."라는 말로써 복음화의 전선에 여성을 초대한 것이다.

이 수도회의 시작도 아주 미미했다. 1915년에 알바에서 집 하나를 빌려 젊은 여성들을 모아 재봉기술과 함께 교리를 가르치고, 인쇄기술학교에서 인쇄한 서적들을 보급하게 하였다. 이 여성들의 모임이 점점 불어나자 초대 총장이 될 마리아 테클라 메를로의 지도 아래 서원書院을 개설하였다. 이 서원이야말로 하느님의 말씀이 전세계로 퍼져나갈 중심이 되는 곳이었다. 1929년 3월 15일에 교황 비오 11세는 이 수도회를 교구 소속 수도회로 승인하였고, 교구장 레 주교는 교회법에 따른 문서에 서명했다.

성바오로딸수도회 수녀들은 '하느님의 배달부'라고 불리는 특수한 사도직을 수행했는데, 처음에는 성바오로수도회에서 출판한 서적을 널리 보급하는 일을 했다. 차츰 수도회가 발전하면서 수녀들은 서적 보급뿐 아니라 저술도 하고 출판도 하였다. "사제가 강론대에서 강론하는 것과 똑같은 설교를 여러분은 새로운 수단으로 행하는 것입니다."라는 복자 알베리오네의 사상은 당시로서는 워낙 새로운 것이었으므로 교회 안에서조차 많은 오해를 불러일으켰다.

수녀들은 그가 제시한 이상에 따라서 사회홍보수단을 통하여 말씀의 선포자요 증거자로서의 사명을 살고 심화해 갔다. 그들은 글을 썼고, 점차 영상 언어와 카세트 테이프, 음반 등을 통해서 그리스도의 메시지를 전파해 나갔다. 그러나 이 일은 사회에 파고드는 데에 여러 가지 장애가 많던 초기에는 물론이고, 나중에 미국에 진출해서도 이상한 사도직이라는 비판을 받아야 했다.

그러나 이러한 어려움은 오래 가지 않았다. 이 사도직이야말로 현대가 요구하는 가장 필요한 수단임이 곧 인식되면서 수도회는 이탈리아 국내뿐 아니라 아메리카 대륙을 거쳐 극동 아시아까지 퍼져 나갔다. '하느님의 배달부'들은 어느 나라에 가든지 교회, 가정, 공장, 사무실 등 사람이 있는 곳이면 어디라도 찾아가 기쁜 소식을 전했다.

교황도 이들을 칭찬했다.

"이 기특한 수녀들은 가지 않는 곳이 없습니다. 마치 개미들이 먹이가 있는 곳이면 어떤 담벼락이라도 뚫고 들어가는 것과 흡사합니다. 아니 꿀을 만들기 위하여 쉴새없이 날아다니는 꿀벌들과도 같습니다. 그들은 인류를 위해서 해야 할 일이 무엇이고 그 의미와 가치가 무엇인지를 잘 알고 있습니다."

여성에게서 이러한 가능성을 발견하고 봉사하게 한 것은 당시로서는 혁명과도 같이 획기적인 것이었다. 복자 알베리오네는 거의 반 세기를 앞지른 예언자적 인물임이 여기서도 잘 드러난다. 1900년 초에 복자 알베리오네는 이런 글을 썼다.

"남성은 여성과 함께 있을 때 비로소 완전해집니다. …… 인류 역사를 한번 돌이켜 보십시오. 인류 역사에 큰 공헌을 한 위인이나 성인들 곁에는 반드시 협조한 여성이 있게 마련입니다. 베네딕토 성인에게는 여동생 스콜라스티카 성녀가, 프란치스코 하비에르 성인 곁에는 샹탈의 요한나 성녀가, 성 요한 보스코 곁에는 마리아 마자렐로 성녀가 있었습니다."

복자 알베리오네가 이 글을 쓸 당시에는, 여성의 사회진출, 더욱이 수녀의 사회활동이란 아무리 역사가 증명해 준다고 해도 정신이상자의 꿈처럼 황당무계한 것이었다. 그러나 알베리오네는 자신의 꿈을 버리지 않았다. 수도원의 울타리 안에서만 활동하거나 애긍하게만 살아가는 수녀들이 아니라 그리스도의 제자들처럼 어디든지 돌아다닐 수 있는 수녀들, 사회홍보수단을 통하여 '말씀'을 전하는 '이상적인 문명'의 시대를 개척해 나갈 실천적이며 현실적인 수녀들이 나올 것을 믿었다. 이는 진정 놀라운 '혁명'이었다. 주위 사람들은 동조보다는 비판을 앞세웠다. 대담하다느니, 미련하다느니, 건방지다느니 하는 온갖 소리가 들려왔지만, 그는 조금도 동요하지 않았다. 그는 너그럽고 헌신적인 여성의 특성을 잘 알고 있었고, 자신이 바른 길을 걷고 있다는 확신을 가지고 있었기 때문이다. 바오로 가족이라는 커다란 나무에서 첫 가지로 뻗어나 자라고 있는 성바오로딸수도회에 대해서 그는 이렇게 말했다.

"그들의 진보를 보십시오. 이야말로 경탄하지 않을 수 없는 하느님의 은총입니다."

복자 알베리오네는, 세상에서 판을 치고 있는 불량서적들의 악폐를 제거하기 위하여 성바오로딸수도회가 성바오로수도회와 동등한 위치에서 함께 사도직을 수행해 나가야 한다고 강조하였다. 알베리오네는 성바오로딸수도회 수녀들로 하여금 성체와 말씀에 뿌리를 둔 삶을 살게 하고, 감실 앞에서 길어낸 새로운 용기와 사랑으로 모든 이들에게 다가가서 그들을 그리스도께로 인도하게 했다. 그는 복음선포의 수단이 새로운 만큼, 그 복음을 선포할 자로서 성바오로의 딸들 역시 새로운 자세로 임해야 함을 절감한 것이다. 그들을 사람이 있는 곳이면 어디든지 찾아가는 수녀 사도, 가정을 찾아가고 공장의 근로자를 만나고 서점에서 각계각층의 사람들을 만나는 사도로서 특별히 양성해야 할 필요성을 깊이 깨달은 것이다.

"우리는 그 말씀을 듣고 눈으로 보고 손으로 만져 보았습니다."라는 요한 사도의 말씀처럼, 성바오로의 딸들은 깊은 관상을 통해서 그리스도 예수를 만나고 체험해야 한다. 그래야만 자기들이 스스로 만나고 체험한 분을 모든 이들에게 전하는 참된 말씀의 증거자, 전달자가 될 수 있다. 따라서 성바오로의 딸들은 "도시의 소란한 거리에서도 관상할 줄 아는 사람이 되십시오."라는 알베리오네의 간곡한 부탁대로 짙은 성체적 삶을 살고, 말씀과의 깊은 관계 속에서 살아가도록 양성된다.

성바오로의 딸들에게, 성체조배를 하는 때는 바로 스승 그리스도와의 깊은 만남을 이루는 배움터에 나가는 때이다. 바로 이 때에 그들은 하느님의 뜻을 찾아 얻고 신망애信望愛 삼덕 안에서 성장해 갈 풍성한 은혜를 얻게 된다. 이때 그들은 복음선포 중에 만나는 사람들이 진리를 알게 되도록 그리스도와 함께 기도한다. 마치 새로운 아브라함처럼 모든 이를 위해 대신 기도하고 보속하며 탄원과 흠숭의 기도를 바친다. 이때 그들은 기도하는 법을 배우고, 내적 자유와 함께 여러 가치와 갖가지 설교를 식별하는 능력을 주시기를 그리스도께 청한다. 왜냐하면 성바오로의 딸들은 단순히 말씀의 전달자가 아니라 말씀의 체험자여야 하기 때문이다. 말씀의 산 증인, 산 증거자여야 하는 그들 영성의 핵심을 사도 바오로의 다음 말씀으로 요약

할 수 있다. "내가 사는 것이 아니라 그리스도가 내 안에서 사시는 것입니다."(갈라 2,20)라고 고백할 수 있을 때까지 자신 안에 '그리스도를 형성해 가는 것'(갈라 4,19 참조)이다. 성바오로의 딸들이 피곤함 없이 항상 새로운 마음으로 사람들을 만나고, 그들의 말에 귀 기울이며, 자기들이 가진 새로운 수단을 통해서 진리를 전할 수 있는 힘이 바로 여기에서 나온다.

성바오로의 딸들로 하여금 자신을 철저하게 내어놓고 기도와 노고와 고통을 바치는 삶을 살아가게 해주는 양성 중 또 한 가지 중요한 것은 노동에 관한 양성이다.

"노동을 통해서 우리는 기쁨 중에 살아갈 수 있습니다. 노고를 바치고, 능력을 온전히 소모해 버리는 것……. 이러한 정신적, 육체적 에너지가 소모되는 가운데서도 기쁨을 맛보게 됩니다."

복자 알베리오네는 성바오로의 딸들이 받은 소명을 기쁨 중에 지속적으로 살아가려면 일에 대하여, 일의 의의에 대하여 교육을 받아야 한다고 강조했다.

이 수녀들은 이처럼 뛰어난 사도적 소명의 요구 앞에 자신이 얼마나 보잘것없고 무력한 존재인가를 누구보다도 깊이 의식하며 살아간다. 바로 이 점 때문에 그들은 설립자 복자 알베리오네의 마음에서 우러나온 아름다운 비결, 곧 '성공의 비결'을 늘 기도하였다.

이들이 이토록 아름답고 고귀한 사명을 살아가는 데 커다란 위로가 되는 것은 초대 총장 테클라 메를로 수녀의 모범이다. 알베리오네의 충실하고 현명한 협력자였던 테클라 수녀의 특징은 겸손과 신앙이다. "모든 것이 온통 깜깜했던 때가 있었습니다. 또 위기도 많았습니다. 주위 사람들에게서 호응을 받지 못할 때도 있었고, 의구심에 짓눌릴 때도 있었습니다. 그럴 때마다 테클라 수녀의 덕으로 이 모든 어려움을 극복했습니다."

알베리오네는 계속해서 그의 딸들에게 사랑의 경고를 잊지 않았다. "그러나 테클라 메를로의 딸들이 어머니보다 더 쉬운 길을 걸어가리라고 단언할 수는 없습니다. 누구든 복음을 전하기 위해 선택을 받은 이들이 가야 할 길은, 바꾸어 말하자면 사도로서 부름받은 이들이 걸어가야 할 길은 결코 평탄하지 않습니다. 이 사실을 늘 기억하십시오."

예수 그리스도를 유일한 스승으로 모시고 '제대에서 봉헌하는 삶뿐만 아니라 사도로서의 삶도 살도록 부름받은' 성바오로의 딸들은 알베리오네가 제시한 여성의 특성을 실현하는 사도 수녀들이다. "사도직에 대한 날카로운 직관력을 지닌 여성, 보상을 바라지 않고 모든 것을 봉헌하는 모성적인 여성, 모든 것에 앞서 그리스도를 먼저 살아감으로써 보편적인 사랑과 깊은 자비와 사랑하는 마음을 모든 이에게 나누어 줄 줄 아는 동정녀인 여성"이야말로 성바오로의 딸들이 살아가는 이상이다.

지칠 줄 모르는 사랑의 걸음을 축복하던 복자 알베리오네의 염원대로, 성바오로의 딸들은 오늘도 온 세상 곳곳에서 말씀의 씨앗을 계속 뿌리고 있다.

### 스승 예수 제자 수녀회

바오로 가족이라는 나무가 점점 커짐에 따라 은총이라는 영양분을 충분히 공급해 줄 필요성이 생겼다. 복자 알베리오네는 성바오로딸수도회 설립 직후 오직 기도로써 성바오로수도회와 성바오로딸수도회를 도와줄 수도회의 필요성을 느껴 스승 예수 제자 수녀회를 설립하였다.

"스승 예수 제자 수녀회는 유일한 사랑에서 우러나오는 세 가지의 사도직을 수행해야 합니다. 첫째는 사랑으로 성체성사 안에 현존하시는 스승 예수께 이르는 성체의 사도직입니다. 둘째는 사랑으로 그리스도의 신비체인 교회 안에 현존하시는 스승 예수께 바치는 전례의 사도직입니다. 셋째는 사랑으로 사제 안에 현존하시는 스승 예수께로 나아가기 위하여 사제에게 봉사하는 사도직입니다. 이러한 사도직은 스승 예수 제자 수녀회 수녀들로 하여금 예수님께 대한 사랑의 실천을 달성케 해줍니다. 그들의 스승 예수께 대한 사랑은 수도 규칙을 준수하고 성숙한 자세로 사도직을 수행함으로써 표현됩니다."

스승 예수 제자 수녀회 수녀들에게 가장 중요한 것은 기도이다. 거룩하신 성체 앞에서 기도하는 것이야말로 스승 예수 제자 수녀회 성소의 심장이다. 바오로 가족과 교회의 발전과 모든 필요한 것을 위하여 스승 예수 제자 수녀회 수녀들은 기도드린다. 사회홍보수단을 통한 두 수도회의 사도직을 위해 보속과 탄원의 기도를 바치는 그들의 사도직은 드러나지 않지만, 사실상 두 수도회의 사도직에 생명을 불어넣어 주는 가장 중요한 것이다.

그들은 많은 사제 성소를 일으켜 주시고, 이미 사제직을 수행하고 있는 사제들에게 죽을 때까지 충실할 수 있는 힘을 주시어 영원한 보상을 받을 수 있도록 기도드린다. 이 수녀들이야말로 영원한 대사제이신 스승 예수의 어머니 마리아처럼 숨어서 침묵 속에 사도직을 실천하는 사제의 어머니들이다. 사제이신 스승 예수와 어머니 마리아는 구원의 신비 안에 함께 계신다. 사제들은 바로 스승 예수이고, 스승 예수 제자 수녀회 수녀들은 마리아이다. 예수와 마리아는 함께 생활하고 함께 일하고 함께 희생을 바쳤다. 사제와 스승 예수 제자 수녀회 수녀들도 이렇게 일치해야 한다.

성체방문과 깊은 관상생활이 요청되는 데에서 이 수도 성소의 위대함이 나타난다. 복자 알베리오네는 이 수녀회에 막연히 '제자'라는 이름을 붙인 것이 아니다. '제자'라는 말에는 베네딕토 성인의 정신이 많이 깃들어 있으며, 그래서 알베리오네는 스승 예수 제자 수녀회의 초대총장에게 스콜라스티카라는 새로운 이름을 주었다. 그리고 수도회의 정신 안에도 '기도하고 일하라'라는 베네딕토 성인의 신조를 깊이 새겨놓았다. 그러나 복음적 이상인 기도와 실천이 완전하게 일치하는 모범은 역시 예수와 마리아에게서만 발견할 수 있었다.

"스승 예수 제자 수녀회 수녀들은 하루를 온전히 그리스도께 맡기고, 성체이신 예수님과 함께, 성체이신 예수님 안에서, 성체이신 예수님을 위하여 살아갑니다."

이렇게 스승 예수 제자 수녀회 수녀들은 '교회 안에서 살고 일한다.' 즉, 그들에게는 아주 보잘것없는 일에서부터 아주 훌륭한 일에 이르는 모든 일이 스승 예수께 드리는 기도와 조배와 찬미인 것이다. 이 수도회는 초창기에 성바오로딸수도회에 속해 있었다. 그러므로 후에 완전히 분리되기 위해서는 두 수도회가 서로 대신할 수 없는 뚜렷한 특징이 있어야 했다. 이 점을 분명히 인식한 복자 자카르도는 스승 예수 제자 수녀회가 고유한 '생명을 갖도록' 하기 위해 자신의 생명을 바쳤다. 이 제물을 하느님께서는 기쁘게 받으셨다. 복자 자카르도는 세상을 뜨기 12일 전인 1948년 1월 12일에 마지막으로 미사를 드렸고, 스승 예수 제자 수녀회는 교황청으로부터 정식 승인을 받았다.

## 전례 사도직

복자 알베리오네는 교회 전례에 대해서도 뛰어난 식견을 지녔다. 그는 세례성사가 우리에게 미사와 성체성사로 절정을 이루게 되는 그리스도의 신비에 온전히 참여할 수 있는 씨앗을 심어 준다는 것을 깊이 알았다.

제2차 바티칸 공의회는 하느님의 백성이 '완전히 의식적이고 능동적으로 전례에 참여할 것'을 촉구했다. 복자 알베리오네에게 전례 사도직이란 바로 교회와 사람들에게 봉사하는 것이었다.

"전례는 성령의 책입니다. 볼 수 있는 예절을 통하여 볼 수 없는 하느님을 알게 해주는 것입니다."

전례 사도직은 스승 예수 제자 수녀회에 맡겨진 분야이다. 전례에 관련되는 모든 것이 이 수녀회에 위임되었다. 즉, 전례에 사용되는 모든 거룩한 상징과 표지들은 '생명과 진리와 선을 위한 예술'로서 그들의 손을 통해 제작되었다.

복자 알베리오네는 스승 예수 제자 수녀회 수녀에게 신학적, 예술적 분야에 민감하기를 당부했다. 모든 성당이나 미사제구나 성물 등은 거룩하면서도 우아한 품위와 아름다움을 잃지 말아야 한다고 강조했다. 회원들 중에 미술, 조각, 건축에 조예가 깊은 전문가들이 있기를 간절히 바랐다. 사실 갓 출발한 수도회에 이 막중한 사명을 맡긴다는 것은 하나의 모험이었다. 그러나 알베리오네의 신뢰와 확신은 이 수도회 역시 튼튼하게 자라나는 것을 보게 해주었다.

## 선한 목자 예수 수녀회

스승 예수 제자 수녀회에 이어 하느님의 백성에게 매일 필요한 것을 직접 줄 수 있는 또 하나의 수도회가 바오로 가족이라는 큰 나무에서 새로운 가지로 뻗어 나왔다. 선한 목자 예수 수녀회이다.

복자 알베리오네가 본당 사목을 돕는 수도회를 생각하기 시작한 것은 1908년부터였다. 그러나 그는 여자 수도회로는 세 번째인 이 수도회를 창설하려면 하느님께서 원하시는 때를 기다려야 한다는 것을 알았다.

"여러분은 하느님의 뜻을 강요하지 마십시오. 평화 속에서 그분의 때를 기다리십시오."

이 수도원도 지극히 가난한 모습으로 시작되었다. 1938년 로사리오의 복되신 동정 마리아 기념일에 니베스 네그리 수녀를 로마 근교의 도시 젠차노로 보냈다. 새로운 수도회를 시작하라는 막중한 사명을 받은 것이다. 네그리 수녀는 떠나기 전에 난처한 질문을 던졌다.

"무슨 돈으로 수도회를 시작합니까?"

복자 알베리오네의 대답은 명료했다.

"(장난기 어린 웃음을 띠고서) 돈을 가지고 일을 시작하기는 아주 쉽습니다. 그러나 무일푼으로 오직 하느님께서 모든 것을 해주시도록 다 맡겨드릴 수 있다면 얼마나 아름다운 일입니까? 자, 이것을 받으십시오."

그는 네그리 수녀에게 1백 리라를 주었다.

선한 목자 예수 수녀회의 사명은 "선한 목자이신 예수의 수녀는 '사랑한다' 라는 말에서 찾아볼 수 있다. 맡겨진 사람들에 대한 수녀들의 사랑에는 한계가 없다. 조건 없이 사랑을 베풀고 넓은 마음으로 고통을 나누며 위로를 주어야 한다."

복자 알베리오네는 다음과 같은 생각을 지니고 있었다.

"선한 목자 예수 수녀회의 수녀는 수도정신에 따라 본당 일을 수행할 뿐 아니라 본당 사제처럼 교회의 신부新婦가 되어야 합니다. 그러므로 본당 내의 모든 일과 문제들을 최선을 다해서 수행해야 합니다."

사제가 본당의 아버지라면 수녀는 어머니이다. 수녀가 내조를 잘하지 못할 때 사제도 그만큼 자신의 임무를 다할 수 없을 것이다. 그런가 하면 사제가 없이는 수녀 역시 아무 일도 하지 못할 것이다. 사제가 하느님과 인간 사이의 중개자인 것처럼, 수녀는 사제와 사람을 이어주는 중개자가 되어야 한다.

가장 모범적인 가정이었던 성가정에 예수님과 마리아께서 계셨듯이, 본당에는 사제와 선한 목자 예수 수녀회의 수녀가 있는 것이다. 그들은 바로 본당 신자들의 아버지와 어머니인 것이다. 이제 막 태어난 아기, 젊은이, 아픈 사람들로 구성된 커다란 가정의 아버지와 어머니인 것이다. 그들은 또 병자성사로 하느님을 만나기 위하여 이 세상을 떠나는 임종자들을 준비시키고, 병자들에게 위로와 힘을 주며, 마지막엔 묘지까지 배웅해 줄 아버지와 어머니인 것이다. 그 외에도 수녀들은 교리교육, 요구되는 갖가지 도움, 위안 등 천태만상의 사도직을 실천함으로써 바로 사랑의 실천을 완성해야 한다.

복자 알베리오네는 다음과 같이 썼다.

"여러분이 받은 성소의 영적 의미는 사람들을 위하는 데에 있습니다. 마리아께서 인류를 위하여 예수님의 어머니로 간택되셨듯이, 여러분은 생명의 길을 찾는 사람들의 어머니가 되기 위하여 이 성소를 받은 것입니다."

선한 목자 예수 수녀회 수녀들은 본당 사제들에게 큰 도움을 주고 있다. 이 수도회도 세계 여러 나라로 진출했다(제일 먼저 진출한 나라가 브라질이다). 수도회의 규칙은 가능하면 촌락이나 소도시, 그리고 대도시라 하더라도 변두리에서 전교활동을 하도록 권한다. 그러기에 수녀들은 오스트레일리아와 남아메리카 등지에서 활동하고 있다. 현 시대가 이러한 사도직을 얼마나 필요로 하고 있는지는 다시 언급할 필요도 없을 것이다.

주님은 "너희는 가서 복음을 전하고 가르치고 세례를 주라." 하고 말씀하셨다. 그러나 부름을 받은 사람들이 없다면 주님의 유언이 어떻게 이행될 수 있겠는가? 영원히 변치 않을 주님의 간절한 부탁을 실천하기 위하여 봉헌된 바오로 가족의 수녀들은 이 세상 끝날까지 존재할 것이다.

### 사도의 모후 수녀회

복자 알베리오네는 1957년에 교황청의 요청을 받아들여 사도의 모후 수녀회를 설립하였다. 그가 수도회를 설립할 때마다 그 이면에는 반드시 하느님의 뜻이 강하게 작용하곤 했다. 그러므로 그는 오직 하느님의 뜻을 이루기 위하여, 또 좀더 구체적으로 표현되는 하느님의 뜻인 교회 장상의 원의를 따라 할 뿐이었다.

사도의 모후 수녀회의 특수한 사도직은 교회 내에서 사제 성소와 수도 성소를 계발하고 육성하는 일이었다. 이 수도회의 '모든 사도직을 위한 모든 성소'라는 신조가 그들의 사도직을 잘 표현해 준다.

성소 문제는 유럽이나 아메리카 대륙에서 절박한 현실적 문제로 대두되고 있고, 제3세계에서도 그 중요성이 인식되고 있다. 그러므로 사도의 모후 수녀회 수녀들이 젊은이들에게 알맞은 성소를 택해

주고 방향을 잡아 주는 일은 교회에서 누구나 필요성을 느끼는 일이었다. 이 사도직도 역시 성체로부터 빛을 받는 깊은 영성생활에 기초를 둔다. 그리고 온갖 현대적인 수단을 통해 수행되는 것이다. 전시회를 통하여 성소에 대한 올바른 개념을 심어 주고, 또한 모임이나 피정을 자주 가지면서 서적, 영화, 라디오, 텔레비전 등을 통해 성소를 자각시켜 나간다. 복자 알베리오네는 이렇게 말했다.

"여러분은 모든 수도회 가운데서 가장 사랑받는 수도회가 되어야 합니다."

그 까닭은 성소 문제가 바로 교회가 성장하고 확장되느냐, 아니면 그 자리에 멈추어 있느냐 하는 문제에 직결되어 있기 때문이다. 그러므로 교황 비오 10세는 성소 사도직은 수확을 거두기 위하여 꼭 필요한 '일 중의 일'이라고 말하였다. 교회라는 대가족 안에는 일할 부분이 참으로 많다. 제각각 다른 일을 하도록 부름받은 많은 일꾼들이 맡겨진 자리에서 씨를 뿌리고, 또 풍성한 수확을 거두어들일 것이다.

### 재속회

멈출 줄 모르는 복자 알베리오네의 열정은 이제 재속 수도회라는 원대한 계획의 씨앗을 뿌리기 시작했다.

복자 알베리오네는 세상을 떠나기 몇 년 전에 다음과 같은 기도문을 만들었다.

"오 마리아님, 제가 비록 당신의 부당한 아들이오나, 당신 아들 예수님의 뜻을 제 마음을 다해 받아들입니다. 그것은 바오로 가족이 좀더 완전해지도록 세 재속회, 즉 예수 사제회, 대천사 가브리엘회,

성모 영보회를 세우는 것입니다. 이 재속회에 모일 이들은 하느님 사랑에 불타는 마음으로 사도직 수행에 생명까지 바칠 것입니다."

복자 알베리오네의 이 기도문은 재속회 설립이 예수님의 원의임을 분명하게 보여 준다. 그는 이 기도문에서도 자신이 비천하고 약함을 겸손하게 인정하면서 재속회 창설이라는 위대한 일을 할 수 있도록 도와주시기를 청한다. 또한 신앙과 훌륭한 성소, 자신이나 동료들이 올바른 지향으로 나갈 수 있는 은혜도 청한다.

곧 예수 사제회가 시작되었다. 성바오로수도회에 병설된 이 회는 교구의 주교와 사제들이 바오로적 신심을 습득하여 같은 정신으로 기도하고, 사회홍보수단을 통하여 그들의 임무를 더욱 원활히 수행해 나가는 것을 목표로 하여 모이는 단체이다. 이 단체는 주교와 사제들의 개인적인 성화와 아울러 교회 안에서 한층 더 개방적이고 진보적인 사도직을 수행하는 데 큰 힘이 되어 준다.

"교회의 모든 자녀는 마음과 뜻을 합쳐 시대와 환경이 요구하는 대로 사회 커뮤니케이션 매체를 여러 가지 사도직 활동에 지체 없이 효과적으로 적극 활용하도록 노력하며, 해로운 매체들에 앞서 나가야 한다"(「사회 매체 교령」 13).

복자 알베리오네는 이 회의 회원들이 지향해야 할 목표를 다음과 같이 요약해서 말했다.

- 개인적인 성화
- 사람들에게 좀더 풍요하게 베풀 수 있는 직위
- 자기 교구에 대한 더욱더 관대한 헌신

이 회는 교황의 원의를 실천하고 있음을 알 수 있다.

"교구 사제는 청빈, 정결, 순명의 복음적 권고를 지킬 법률상의 의무는 없다. 하지만 교구 사제가 완덕에 나갈 의무가 수도자들에 비해 가볍다고 생각한다면 중대한 오류를 범하는 것이다. 복음적 권고를 지키는 것은 그리스도인 모두에게 주어진 의무이기 때문이다."
 이 회의 회원은 자기 임무에 충실할 뿐 아니라 사도직에서도 수도자와 같은 정신으로 일치함으로써 좀더 쉽게 복음적 완덕의 길로 나아가게 된다.

 대천사 가브리엘회는 사회생활을 하는 젊은 평신도들이 그들의 가정과 직장에 머물면서 바오로적 정신에 따라 개인의 성화를 꾀하고 아울러 사도직에 참여하기 위한 모임이다.
 복자 알베리오네는 성바오로수도회를 창설할 때부터 수도회를 더욱 힘차게 보조해 줄 평신도들의 모임을 생각해 왔다. 그래서 성바오로회의 협력자회라는 조직이 일찍부터 생겼고, 이 협력자회를 통하여 많은 이들이 성바오로수도회의 재속회에 속하게 되었다.
 이 재속회의 정신은 평신도들이 사회, 가정, 직장에 있으면서 마치 누룩처럼 그리스도교 정신을 심어 나가야 한다는 교서「섭리의 모친」(Provvida Mater)의 원칙에서 우러나온 것이다. 즉, 평신도들은 개인의 성향에 따라 복음적 권고를 실천하고 그것을 성장시킴으로써 세례성사와 특별한 성소를 통해 받은 은총의 씨앗을 키우면서 세상을 성화하는 일에 협조하는 것이다.

 성모 영보회는 주로 젊은 여성들의 모임이다. 대천사 가브리엘회와 마찬가지로 이 단체의 여성들도 자신의 일터에 머물면서 길, 진리, 생명이신 스승 예수를 현대적인 방법으로 세상에 전파하는 일에 헌신적으로 협력한다. 이들의 특징은 자신의 선교활동을 가족들에게도 밝히지 않으면서 온전히 바오로적 사도직에 봉사한다는 것이다. 이 평신도들은 사제나 수도자들이 할 수 없는 역할을 해낸다. 즉, 세상 사람들 사이에 깊이 침투하여 좀더 자유롭게 함께 생활하면서 그리스도교 정신을 증거한다. 또한 이 생활의 증거를 통하여 자신의 성화를 얻게 된다.

성가정회는 네 번째로 창립된 재속회로 그리스도인 가정의 성화를 위하여 바오로적 정신과 일치하여 함께 기도하고, 또한 가능한 대로 사도직을 실천하는 단체이다. 오늘날 대부분의 가정들이 본래의 의미를 상실한 채 붕괴해 가고 있는 실정이다. 그러므로 그리스도 안에서, 그리고 교회 안에서 봉사하려는 참된 그리스도교 정신으로 가정에서 서로 봉사하고 헌신하며 사랑을 증거한다는 것은 사회적으로도 여간 중요한 일이 아니다.

이 네 개의 재속회는 1960년 4월 8일 수도회성으로부터 성바오로 수도회에 병설된 단체로서 공식 인가되었다.

### 협력자회

복자 알베리오네는 하느님으로부터 받은 모든 힘과 능력은 조금도 낭비됨 없이 사용되어야 한다는 투철한 사상을 지니고 있었다. 그리고 자신을 온전히 하느님께 봉헌한 사람들에게는 뜻을 같이하는 사람들이 많이 따르게 마련이다. 바오로 가족에게도 바른 지향으로 좋은 일을 하고 싶어하는 많은 신자들이 협력을 아끼지 않았다.

이들은 1918년부터 협력자로서 바오로 가족과 밀접한 관계를 맺어 왔다.

이 협력자들의 도움은 다양하다. 협력자들은 기도와 출판물 보급과 저술 또는 헌금 등 모든 기회를 이용해 협력하고 수도회는 그들을 위해 기도함으로써 관계를 긴밀히 유지해 나갔다. 협력자들의 영성생활에 기틀이 될 규칙서를 마련하여 레 주교의 인준을 받았는데, 주교는 그 규칙서가 아주 훌륭하다고 칭찬했다.

1918년 10월 25일에는 협력자들과 바오로 가족의 협력으로 협력자들을 위한 첫 회보를 발간하였다. 이제 이 협력자회는 아주 거대해졌다. 설립자는 이 협력자들이야말로 바오로 가족의 '제3회원'이라는 말로 그들에 대한 사랑과 신뢰와 희망을 표현했다.

협력자들이야말로 수도회와 같은 마음과 같은 생각으로 수도회를 도와준다. 나아가 참된 우정에서 우러나온 물질적인 협조도 한다. 그들은 바로 수도회의 삶을 따르고 싶어한다. 그들은 세상에서 살지만 재물에 대한 욕심에서 벗어나고자 하고, 그들 나름으로 순결을 지키고자 하며, 교회와 사회 안에서 온순한 태도로 순명하고자 한다. 또한 성바오로수도회의 신속하고 광범위한 전파수단인 출판물과 다른 매체들을 통해 교리를 가르치고, 기도와 일과 기부 등으로 협력한다. 바오로 가족 회원들은 협력자들과 함께 계획을 실현하고, 고통이나 즐거움을 함께 나누며, 바오로회 협력자를 위한 회지會誌를 통하여 신앙생활의 증진을 꾀한다. 또한 모든 협력자를 위해, 즉 세상을 떠난 이들까지 포함하는 모든 협력자들을 위해 1년에 2천 4백 회의 미사를 드리고 있음도 밝혀 둔다.

### 공통된 특성

'그리스도를 살고 교회를 섬긴다'는 하나의 정신으로 성체로부터 태어난 바오로 가족은 다섯 개의 수도회와 네 개의 재속회 및 협력 자회로 구성되어 있다. 즉, 감실 앞에서 모든 회원들을 대표하는 사람들, 높은 곳에서 오시는 예수 그리스도의 가르침을 보급하는 이들, 각 영혼에게 직접 가는 이들로 구성되어 있다. 그러나 이처럼 사도직의 방법은 다르지만 그들은 혈연보다 더 친밀한 사랑으로 맺어져 있다. 그들은 함께 기도하며 여러 가지 방법으로 서로 도와 나간다. 활동 분야는 다르지만 영원한 보상을 받으리라는 확신 아래 기쁨과 고통을 함께 나누며 오직 하나로 일치해 있다.

### 바오로 가족 협회

지금까지 말해 온 여러 수도회를 하나로 묶어 주는 협회가 있다. 모든 사람들이 그리스도인다운 생활을 할 수 있도록 이끌기 위한, 즉 복음과 교회의 가르침을 모든 이들에게 좀더 빨리 전달하기 위한 새로운 방법의 하나로 제1협회가 결성되었는데, 이것이 바로 교황 요한 23세가 승인한 네 개의 협회이다. 이탈리아뿐 아니라 다른 여러 나라로도 퍼져 나간 이 협회들 가운데 첫째는 '갑자기 죽은 이들을 위한 협회'인데, 이 협회의 목적은 갑자기 그리고 비참하게 죽는 이들이 은총 안에서 하느님의 나라에 들어가도록 도와주는 것이다. 그러므로 이 회에 가입한 회원들은 하느님의 자비로 영원한 구원의 은총을 받을 수 있도록 기도와 선행의 영적 보물을 쌓도록 한다. 날로 발전해 가는 현대 기술의 이면에서 많은 이들이 급작스럽게 죽어

가는 희생의 부산물이 더욱 늘어가고 있다. 이러한 사람들의 죽음을 성화한다는 것은 가장 값진 보상인 그리스도의 십자가를 통하여 하느님께 바친다는 높은 의미가 담겨 있는 일이다. 이 협회는 1960년 2월 10일에 인가를 받았다.

둘째는 '국제성서협회'이다. 1960년 10월 14일에 교황의 인준을 받은 이 협회는 길, 진리, 생명이신 스승 예수께 경의를 드리자는 데서 시작되었다. 목적은 신앙과 도덕, 그리스도교적 신심을 고양하기 위하여 성서, 특히 신약성서를 교회의 가르침에 따라 묵상하고 연구할 뿐만 아니라 출판하고 보급하는 것이다.

셋째가 '통신성서학교'(Ut Unum Sint)이다. 이 모임은 스승 예수께서 바치신 '대사제이신 예수의 기도'(요한 17,1-26 참조) 정신을 따라 모든 이가 하나 되도록 교회의 일치를 도모하자는 데에 목적을 둔 것으로 1960년 12월 16일에 인가를 받았다.

넷째는 '모든 성소를 위하여 기도와 고통, 사랑을 바치는 모임'이다. 이 모임의 목적은 항구한 기도와 극기, 사랑의 실천을 바침으로써 교회가 필요로 하는 성소자가 많아지도록 하는 것이다. 즉, 성소자들이 소명을 잘 받아들일 수 있도록 기도하고, 이를 위해 교회와 사도들의 모후인 마리아께 간절한 전구를 구하는 것이다. 그리고 하느님께 봉헌된 모든 이들이 천국에 들어가기까지 성소에 충실하고, 사람들의 구원을 위하여 더욱 헌신적이고 성화될 수 있도록 도움을 구하는 것이다. 이 모임은 1963년 2월 19일에 승인을 받았다.

여기에 1963년 4월 22일에 티세란트 추기경이 설립한 '그리스도인 가정 협회'가 추가된다.

이처럼 복자 알베리오네는 모든 분야에 손을 뻗쳤고, 모두 해냈다. "기도나 활동은 국가와 학교, 법률과 가정, 사회 계층간의 관계,

국제관계를 건전하게 하고 그리스도교적 사회를 건설하기 위한 것입니다. 즉 길, 진리, 생명이신 스승 예수께서 세상을 다스리시도록 하는 것입니다."

그 방법은 대중을 위한 사회홍보수단의 사도직을 통해서이다.

## 바오로 가족의 발전과 복자 알베리오네의 행적

### 신문, 잡지, 서적, 영화, 라디오, 텔레비전, 음반

복자 알베리오네는 사도적 갈증을 풀기 위하여 모든 문명 수단을 사용했다. 1913년부터 '모든 가정에 가톨릭 신문을!'이라는 구호 아래 신문 구독자를 늘려 갔고, 바오로 가족 회원의 저서이든 일반 저서이든 간에 잡지와 서적들의 보급에도 힘썼다. 또한 사회에서 제작된 영화, 라디오, 텔레비전, 음반 등이라 하더라도 내용이 건전하면 사도직에 활용하였다. 그러나 무엇보다도 먼저 출판하고 보급하는 것은 성서, 전례서, 교리서들이었다.

중요한 간행물을 보면 다음과 같다.

- 「그리스도인 가정」(Famiglia Cristiana)은 1931년에 창간된 주간지인데, 현재 각국어로 발행되어 유럽뿐 아니라 세계적인 잡지로 군림하고 있다.
- 「조르날리노」(Giornalino)는 어린이들을 위한 주간지이다.
- 「라 도메니카」(La Domenica)는 주일과 축일 전례용 팜플렛으로 본당에서 많이 이용된다.

복자 알베리오네는 하느님의 영광을 위하여 모든 매체를 이용할 줄 알았고, 지칠 줄 모르고 집필하였다.

### 펜의 사도

복자 알베리오네는 진정한 사도 정신으로 자신을 바침으로써 바오로 가족의 모든 회원에게 모범이 되었다. 그는 바오로 가족의 설립자로서 사실상 모든 바오로 가족을 돌봐야 하는 무거운 중책을 지고 있었으나 바쁜 중에도 저술 사도직에 힘을 아끼지 않았다. 성 바오로 사도의 정신을 따라 하느님 말씀에 대한 책을 저술하는 일이야말로 모든 이에게 봉사하는 길임을 알았기 때문이다. 그는 사제, 수도자, 지성인, 교육자, 주부 등 하느님의 모든 백성을 위하여 글을 썼다. 그의 저서는 학문 연구에 의한 것이라기보다는 매일 묵상하고 긴 시간 동안 성체를 방문한 데서 나오는 결실이었다. 이로써 그는 묵상과 기도에서 얻은 것을 다른 이들에게 주어야 한다는 신조를 온전히 실현한 것이다. 그의 저서들은 많은 이들 안에 신앙과 사랑의 불을 일으켜 주었다.

복자 알베리오네는 사실 뛰어난 문필가는 아니었다. 다만 그의 영혼 깊은 곳에서 넘쳐흐르는 참된 진리를 간결하고 분명하게 표현했을 뿐이다. 그러므로 그의 글을 읽는 사람은 자신도 모르게 강한 힘에 끌려 하느님의 말씀과 교회의 가르침대로 살고 싶은 열망을 일으키곤 하였다.

그의 저서는 주로 사목 분야에 대해 다루었다. 그가 늘 염두에 둔 것은 길, 진리, 생명이신 스승 예수께로부터 오는 빛으로 사람들 안에 하느님께서 살아 계시도록, 그리고 하느님 안에서 사람들이 생활해 나가도록 비추는 것이었다.

### 최선을 다한 사도적 활동

하느님은 당신의 충실한 종 알베리오네의 업적을 하나도 잊지 않으시고, "그 하나하나에 알맞은 축복을 주셨음이 틀림없다"(교황 바오로 6세).

복자 알베리오네의 업적을 간추려 보자.

그는 30세(1914년)에 첫 수도회를 설립하기 시작하여 세상을 떠나기까지 다섯 개의 수도회와 네 개의 재속회 및 협력자회를 세웠다. 이 거대한 바오로 가족은 세계 35개국에 진출했고, 회원은 9천여 명에 이르렀다. 이들은 5백 10개의 분원과 소성당, 12개의 성당(그 중 4개는 아주 장엄한 건물이다)을 가지고 열심히 활동하고 있다. 이들은 1만 8천 종의 책 1억 5천만 권을 출판하였는데, 그 중에서 5천만 권이 성서로 약 2백여 개의 서원을 통해 보급되었다. 그 외에 세계적인 주간잡지「그리스도인 가정」을 발행하고 있으며, 12편의 극영화와 64편의 다큐멘터리를 직접 제작하고 일반 영화사에서 만든 1천 5백 종의 영화를 구입해서 16밀리미터로 축소 제작했고, 4백 종에 달하는 음반을 만들었다. 그리고 브라질에서는 6개의 라디오 방송국을 소유하고 있고, 43개의 전례 센터와 73개소의 탁아소를 운영하고 있다.

- 1939년, 비아 포르투엔세 746에 '로마의 필름 제작소'란 명칭으로 성바오로 필름 제작소 설립.

- 1948년 12월 25일, 최초로 성바오로 라디오 방송의 전파에 메시지를 실어 보냄.
- 1950년 8월 7일, 복자 알베리오네의 권고로 영화 '하느님의 어머니'(Mater Dei)를 최초로 제작.
- 1951년, 일본에서 '성바오로 라디오 센터' 준공식 거행.
- 1955년 8월 20일, 로마 포르투엔세에서 성바오로 필름 제작소 건물 준공식 거행.
- 1962년 8월 6일, 복자 알베리오네의 권유와 격려로 사르데냐에서 성바오로 필름 대여 사도직 시작. 그리고 성서를 주제로 한 컬러판 단편영화 상영 시작.
- 1963년 10월 12일, 복자 알베리오네 참석 아래 성바오로수도회에서 제작한 영화 '성조들'(I Patriarchi)의 시사회.
- 1964년 12월 5일, 바티칸 전화국의 책임을 맡은 수사들을 방문.
- 1965년 5월 6일, 로마에 있는 영화 도시에서 성서를 주제로 한 영화 '사울과 다윗' 촬영에 참석.
- 1965년 12월 8일, 복되신 동정 마리아의 원죄 없으신 잉태 대축일에 새로 구입한 영화 촬영기 축성.
- 1966년 2월 10일, 성바오로수도회의 성인成人 성소자들을 받아들이는 곳인 알바노 라치 알레에 바오로 대강당을 축성.

복자 알베리오네는 이 많은 일 앞에서도 산만해지는 일 없이 언제나 침착하고 조용했다. 놀랍도록 조리 있고 체계 있게 일을 처리해 나갔으며, 더욱이 하느님의 지혜에 온전히 의존하면서도 인간의 지혜를 최대한 활용하여 은총의 결실로 모든 것을 더욱 진보시켰다. 그는 무엇보다도 먼저 기도하였다. 기도 안에서 하느님과 일치하는 것이야말로 모든 바오로 가족의 성채이며 심장인 교회의 생생한 힘을 부여받을 수 있는 원천이었다.

### 성바오로수도회의 대성당들

복자 알베리오네는 일상생활에서 쓰는 비용에 대해서는 매우 철저했다. 그러나 전례를 위한 경비는 조금도 아끼지 않았다. 하느님께 경의를 표하기 위해서는 언제나 최상의 것을 써야 한다는 것이 그의 사상이었다. 성바오로수도회 성당 내부의 아름답고도 견고한 설비가 이를 잘 증명해 준다.

복자 알베리오네의 사상에서 기초를 이룬 것은 세 가지 특별한 신심이었다. 이것은 길·진리·생명이신 스승 예수, 사도의 모후 마리아, 사도 바오로께 대한 신심인데, 알베리오네의 모든 기도는 이 기초에서 시작되고 끝났다. 그는 이 신심을 더 심화하고 증진하기 위하여 세 개의 대성당을 건축하였다.

성바오로 대성당은 알바의 성바오로수도회 모원 건물 중앙에 있는 성당으로, 1928년 10월 28일에 성바오로 사도에게 봉헌되었다. 이 성당의 초석礎石으로 성바오로 대성전의 '거룩한 문' 벽돌을 사용하여 더욱 의미가 깊다.

사도의 모후 성당은 1954년 11월 30일에 사도의 모후께 봉헌된 성당이다. 로마의 성바오로수도회와 성바오로딸수도회 건물들이 있는 중앙에 자리잡고 있다. 이 성당은 제2차 세계대전 때 바오로 가족 회원들이 한 사람도 희생되지 않은 데 대한 감사로 세워졌다.

스승 예수 성당은 로마의 스승 예수 제자 수녀회 본원에 있는 성당이다.

복자 알베리오네가 거의 6년 동안 매일 아침 주님께 바친 기도문에는 이런 내용이 있었다.
"스승 예수 성당 건축"
"…… 로마의 중심지에 예수의 이름으로 세계를 비출 수 있도록 끊임없이 기도드릴 성전을 건축할 날이 올 것이다."
"바로 여기 사람들 가운데에 하느님의 감실이 있다. 교회는 가장 아름답고 가장 거룩한 것, 광원光源과 빛, 생명과 기쁨을 감실로 가져와야 할 의무를 가진다."
그렇게 할 때 모든 세대의 사람들은 자신의 의무에 충실하고, 시대의 표지에 마음을 열며, 참된 지식으로 가득 찰 것이다.

## 교회와 함께 시대를 산다

바오로 사도의 정신을 생활한 복자 알베리오네는 모든 분야에서, 모든 하느님 백성에 대해서 언제나 마음을 열고 받아들이는 자세를 보였다. 이것은 그가 제2차 바티칸 공의회의 정신을 훨씬 앞서서 살았음을 잘 보여 준다. 이처럼 진보적인 면을 지닌 그였지만 교회의 가르침을 이탈하는 데 대해서는 여간 엄격하지 않았다.

그는 모든 것이 성서와 교리와 교회의 가르침에 기인해야 한다고 생각했다. 이것 때문에 경제적으로 막대한 손해를 보게 될 때가 있더라도 양보하는 일이 없었다. 한번은 성소 문제를 다룬 책의 내용이 성 토마스나 다른 교부들의 가르침이 아니라 하여 이미 출판된 2

천 5백 부의 판매를 그대로 금지해 버린 일도 있었다.

"성서를 멀리하고, 예수 그리스도와 성인들의 모범과 신학자들의 가르침에서 멀어질 때 악이 들어오게 된다."

"수도생활이란 예수 그리스도의 가르침과 교회의 가르침, 성인들의 모범, 수도회의 규칙에 따라 사는 것이다."

1950년 2월, 수도자와 성직자들 사이에서 한창 '근대', '개방', '진보'라는 말들이 선풍적으로 입에 오르내리며 혼란을 일으킬 때 그는 이렇게 말했다.

"오늘날 가장 큰 악은 성직자, 수도자들이 현대화와 진보를 오해하고 있다는 점입니다. 그들은 현대화와 진보를 무조건의 자유, 평등, 독립이라고 받아들여 가난의 정신이 없는 금전 사용, 외부와의 무질서한 관계로 인한 위험, 안일과 만족으로 흐르는 경향의 합리화, 양심성찰과 성체조배의 게으름에서 오는 위험까지도 마다하지 않는 오류와 편견에 빠져 있는 것입니다. 이것은 악마의 간교한 쇠사슬입니다. 인간의 본성이 영혼의 힘을 누르고 승리하도록 농간을 부리는 악마로 말미암아 생긴 속된 정신이 성직자, 수도자들 사이에 스며들고 있다는 징조인 것입니다."

이렇게 그릇된 사상이 난무하므로 하느님의 말씀을 올바로 전하고 깊이 심어 줄 대변자가 더욱 필요하다. 그들이야말로 주님의 계명을 충실히 수행하여 "너는 교회의 반석이다. …… 너의 말을 듣는 사람은 나의 말을 듣는 사람이다."라는 성서 말씀이 이루어지게 할 사람들이다.

## 교회께 대한 충실과 존경

복자 알베리오네의 사도직에 대한 열의와 성모님께 드리는 존경심은 대단했다. 나아가 이에 못지않게 교회의 지침과 교황에 대한 충성과 연대의식도 대단했다는 것을 빼놓을 수 없을 것이다.

1923년 5월 1일, 그는 교황에게 다음과 같은 편지를 보냈다.

"우리의 간절한 바람은 정직하고, 지도를 받으며, 인가를 받는 것입니다. 또한 우리의 기쁨은 교황 성하와 일치하는 것입니다. 즉, 모든 일에서 순종과 긴밀한 일치, 더 나아가 죽는 순간까지 교황 성하께 충실하는 데에 있습니다."

1953년에는 전 회원들에게 다음과 같은 말을 하였다.

"언제나 단 하나가 있을 뿐입니다. 즉, 로마 정신에 입각하여 ……. 로마 정신을 벗어날 때는 행복도 없어집니다. 교황 성하는 모든 세대의 온 인류에게 비춰지는 그리스도의 빛이십니다. 성바오로수도회의 첫 회원들은 세 가지 서원 외에 예수 그리스도의 대리자인 교황께 순종한다는 서원도 하였습니다."

복자 알베리오네는 1941년 7월 12일에 부총장인 복자 자카르도와 함께 교황 비오 12세를 알현하였다. 교황에게 감사드리기 위해서였다. 또한 성바오로수도회의 1차 총회 때인 1957년 4월 16일에도, 2차 총회 때인 1969년 6월 28일에도 교황을 알현하였다. 1969년 알현 때 바오로 6세 교황은 알베리오네에게 교회와 교황에 의한 십자가

메달을 수여하였다.

이에 교황 비오 12세는 알베리오네 신부 금경축일인 1957년 6월 20일에 "존경하올……"이란 말로 시작되는 축하편지를 보내 주었다. 교황 요한 23세도 '국제 가톨릭 성서협회'의 로마 이전 25주년 되는 날, 알베리오네에게 사도적 서한을 보냈다. 교황 바오로 6세는 1963년 2월 19일에 '모든 성소를 위하여 기도와 고통과 애덕'의 거룩한 협조를 높이 찬양하는 교서를 보냈다. 1964년 4월 10일에 알베리오네는 교황 바오로 6세와 개인 면담을 하였다.

교회와 교황에게 드리는 복자 알베리오네의 경의와 충성은 그가 세상을 떠나기 몇 해 전에 쓴 글로도 충분히 입증된다.

"만일 주님께서 당신의 사명을 수행하는 데 부적당하고 무능한 사람을 선택하시더라도, 주님께서 원하시고 하라고 하신 것은 그분이 보증해 주시며 이루어 주시리라는 것을 나는 믿습니다. …… 우리 수도회는 교회와 예수 그리스도의 대리자를 기초로 하여 설립되었습니다. 이러한 생각을 할 때 확신과 기쁨과 용기가 생깁니다."

"악마의 힘이 승리하지 못하리라."라고 그리스도께서 약속해 주신 든든한 '바위' 위에서 현대의 성바오로(복자 알베리오네)는 세계를 향한 복음 전파에 돌진하였다. 아주 작은 씨앗이 거목으로 자랄 때까지! 베들레헴의 말구유에서 시작된 기쁜 소식을 알베리오네는 또 다른 가난한 말구유에서 널리 전파하기 시작했다. 세계 끝까지 이르도록.

## 말구유

"항상 말구유에서 시작하라."

말구유는 해마다 세계 곳곳에 생겨나고 있다. 이는 바오로 가족의 새 공동체가 세워진다는 이야기이다. 모든 면에서 베들레헴을 닮은 이 새로운 공동체에 필요한 것은 오직 설립자의 순수한 복음정신뿐이었다. 그에게는 어떤 큰일이라도 언제나 작은 종이쪽지나 말 한 마디면 충분했다.

'어두움 속에서의 도약.' 이것은 북아메리카에 성바오로수도회를 세우기 위하여 떠나는 알베리오네의 의미심장한 표어였다. 그 어두움은 바로 신앙과 순명과 신뢰로 가득한 어두움이었다. 어느 곳에서든지 성바오로수도회는 가난하게 시작하였다. 그러나 어느 사이엔가 그 작은 씨앗은 생명력이 넘치는 큰 나무로 자라났다.

1931년 8월 20일, 성바오로수도회가 설립된 지 17년이 되는 이 날, 두 사람의 신부가 아무런 계획이나 돈도 없이 브라질에 도착하였다. 곧 이어 알베리오네의 편지가 브라질의 상파울루에 도착하였다. 이 편지야말로 세계 어느 곳에서든 성바오로수도회가 설립될 때마다 따라야 할 기본적인 원칙이라고 할 수 있는 것이었다. 그 내용을 보기로 하자.

"지극히 사랑하는 성바오로 회원들이여! 나의 축복을 보내 드립니다. 지금 내 마음은 광활한 남아메리카 대륙에 하느님의 말씀을 전파할 계획을 세우느라 바쁜 여러분과 함께 있습니다. 천사들이 '하느님께 영광, 사람들에게 평화!'라고 노래한 찬미가 바로 우리의 것이 되도록, 우리는 스승 예수께서 설교하시던 그 마음을 가지고 출판을 통해 하느님의 말씀을 전하려고 하는 것입니다. 그러므로 우리는 바오로 사도의 복음에 대한 열정과 말씀의 어머니이신 성모 마리아의 은총과 겸손을 지니고서 말씀을 전파해야 합니다.

우리의 사업은 상업적이 아니라 영적으로 운영해야 합니다. 우리의 공장은 영원한 보물을 얻을 수 있는 곳이어야 합니다. (교회법으로 보아) 여러분은 교구의 주교와 영혼들을 돌보는 사제들에게 종속되어 있음을 잊지 마십시오. 그분들의 사업에 겸손하게 협조하십시오. 여러분은 책 한 권을 낼 때마다 바오로 사도께서 지금 이 일을 하신다면 어떻게 하실 것인지를 생각하며 사목적인 면에 중점을 두어야 합니다. 그리고 어떤 일이든지 사목적이어야 합니다. '성부께서 나를 보내신 것처럼' 나는 여러분을 그곳에 보냈습니다."

### 전세계로 퍼져 나가는 바오로 가족

바오로 가족은 이탈리아를 비롯한 세계 도처에 널리 퍼져 나갔다.

**브라질과 아르헨티나** : 1931년 8월, 복자 알베리오네가 베네딕토 보아노 신부와 세바스티아노 트로시 신부를 브라질에 보냄으로써 성바오로수도회의 세계 진출이 시작되었다.
두 번째의 진출지인 아르헨티나에는 토르쿠아토 아르마니 신부를 보냈다.

**미 국** : 1931년 10월, 프란치스코 하비에르 보라노 신부가 미국에 첫발을 디딘 후에 크로벨라 신부와 마리오 간돌피 부제가 파견되었다.

**프랑스** : 1932년 10월 22일, 파리에 마르첼리노 질리 신부가 파견되었다.

**스페인** : 1934년 6월, 스페인에도 첫발을 디뎠다. 데시데리오 코스타 신부는 처음에 마드리드로 갔으나, 아구스티노 브로싸 신부가 오자 함께 빌바오에 있다가 찰라로 옮겼다.

**극동 아시아** : 1934년에 복자 알베리오네는 이렇게 말했다.
"성령께서는 지금 우리 수도회에 특별한 기회를 마련해 주시는 것 같습니다. 성바오로수도회를 사랑하시는 하느님께서는 당신의 이름을 알지도 못하는 세계 먼 곳으로 우리를 보내시려는 것이 분명합니다."

**중국과 일본** : 1934년 11월, 전혀 새로운 목적지인 중국과 일본으로 두 젊은 사제가 떠났다. 복자 알베리오네는 이들에게도 그 독특한 바오로적 편지를 보냈다.
"예수께서 당신 제자들을 보내신 것처럼 나도 여러분들을 보냅니다. …… 알바의 무소토에서 중국의 상하이까지 간다는 것을 좀 생각해 보십시오."
얼마나 명쾌하고 단순한 신앙이 깔려 있는 편지인가!
새로운 선교지를 위한 '9일 기도'가 끝나는 날 비오 베르티노 신부와 에밀리오 파시노 신부는 중국으로 가기 위해 브린디지 항구를 떠났다. 같은 날, 바오로 마르첼리노 신부와 로렌조 베르테르 신부는 일본으로 떠났다.

**필리핀** : 1935년 7월 7일, 클레멘테 카나베로 신부, 마태오 볼교뇨 신부, 가에타노 그로시 신부 일행이 필리핀에 도착하였다.

**인　도** : 같은 해, 미켈레 암브로시오 신부와 귀도 파가니니 신부가 인도로 떠났다. 2년 후인 1937년에는 알퐁소 페레로 신부와 베르나르도 루폴리 신부가 인도로 떠났다.

**폴란드** : 1934년 6월, 체사레 로발도 신부와 도미니코 라비나 신부가 폴란드로 떠나기로 결정했다.

**포르투갈** : 1943년 10월 18일, 사베리오 보아노 신부는 포르투갈의 리스본에 성바오로수도회를 개설하였다.

1946년　아일랜드, 멕시코, 칠레, 스위스
1947년　영국, 콜롬비아
1851년　베네수엘라
1952년　오스트레일리아
1953년　쿠바
1954년　독일
1957년　콩고(현 자이르)
1961년　대한민국

이렇게 성바오로수도회는 전세계에 그 모습을 드러냈다.
브라질로 떠난 사제들에게 복자 알베리오네는 이런 편지를 썼다.
"우선 성바오로수도회를 잘 세우십시오. 아마 5분쯤 후에 성바오로딸수도회가 여러분의 뒤를 따라갈 것입니다. 이 두 수도회야말로 바오로적 기도의 정신으로 긴밀한 일치와 협력을 해 나갈 것입니다."

높은 이상으로 보이던 사회홍보수단을 통한 선교사업은 이와 같이 실현되었다. 의혹과 비난과 반대만이 겹치는 가운데에 경제적인 타격까지 받았던 숱한 고난……. 회원들은 지방과 나라와 대륙에 따라 서로 다른 문화권과 환경에 적응하기 위해 많은 희생을 무릅쓰고 온전히 헌신해야 했다. 주께서도 이 사도들과 함께 계시며 위로와 옹호를 아끼지 않으셨다. 주님은 이 설립자의 끊임없는 기도와 굳건한 신앙, 관대함, 가지고 있는 모든 힘을 다 쏟는 아낌없는 희생에 당신의 성실한 사랑으로 응답하시어 풍부한 결실을 맺게 해주셨다.

### 여행

복자 알베리오네는 선교 지방에도 많은 관심을 쏟았다. 마치 아들을 멀리 떠나보낸 아버지처럼 회원들이 가 있는 세계 여러 나라를 직접 방문하거나 편지로써 격려와 사랑을 보여 주었다. 그는 피곤을 모르는 사람 같았다. 영웅적이라는 말이 그에게는 조금도 과장이 아니었다. 어떻게 그 많은 일을 처리하며, 피곤을 이겨 나갈 수 있었을까? 그리 건강치 못한 그의 평소 체질을 놓고 보면 어떤 대답도 할 수가 없다. 그것은 그의 의지, 곧 복음을 전하려는 굳센 신앙정신에서 우러나온 힘이었다. 그러므로 이 마을에서 저 마을로 다니시며 기쁜 소식을 전하시던 그리스도처럼(루가 4,43 참조) 오직 복음만을 전파하기 위해 온 힘을 다 쏟은 그는 어려움도 많았으나 끝까지 꿋꿋했다. 그는 성 바오로 사도처럼 전세계의 땅과 바다를 사랑했다. 우리는 성 바오로 사도의 극적인 여정(2고린 11,26 이하)에서 볼 수 있는 위험과 어려움 따위에 대처하는 불굴의 정신을 복자 알베리오네의 삶에서 쉽게 발견할 수 있다.

복자 알베리오네는 "여행의 고통을 압니다."라고 말한 적이 있다. 이 말은 그가 여행에서 겪은 괴로움과 피곤이 어느 정도인지를 잘 보여 준다. 사실 그는 그리스도를 모든 이에게 주기 위하여, 모든 사람들에게 하느님의 교회를 알리기 위하여 어떤 어려움도 감수하면서 여행을 계속했다. 모든 이에게 모든 것을 주기 위하여 이탈리아의 도시들뿐 아니라 각 대륙을 몇 번이나 순방했다. 사도 바오로를 자신의 모범이요 보호자로 삼은 복자 알베리오네는 단순히 그분의 정신만 따른 것이 아니라 삶 전체를 그분처럼 살았다고 볼 수 있다. 사도 바오로가 전도여행 때 당해야 했던 온갖 어려움과 고통을 그도 많은 여행을 통해서 그대로 겪었다. 수면 부족과 시차, 극심한 기후 변화와 잦은 비행기 여행에서 오는 피로로 그의 건강은 언제나 위태로웠으나 그는 전혀 상관하지 않았다. 대가족으로 불어난 수도회의 많은 일들을 직접 해결하기 위하여 그는 유럽에서 북아메리카로, 아프리카에서 아시아로, 라틴 아메리카에서 오스트레일리아로, 아무리 먼 거리도 두려움 없이 여행길에 올랐다. 무엇보다도 시간관념이 철저한 그는 가장 빠른 교통수단을 택하는 것을 주저하지 않았다. 처음으로 비행기 여행을 떠나던 날 그는 감개무량한 듯 말했다.

"나는 어렸을 때 마차밖에 타 본 일이 없습니다. 그것도 소가 끄는 우마차였죠. ……"

그뿐만 아니라 그는 어린 시절엔 거의 여행할 기회가 없었다고 했다. 그래서 학교에서 처음으로 수학여행을 떠날 때에 감격이 지나쳐 병이 날 정도였고, 친구들에게서는 물에 빠진 병아리라는 놀림을 받았다는 것이다.

그는 수도자로서는 놀랄 정도로 많은 여행을 했는데, 그것도 대부분 비행기 여행이었다. 그러나 그가 비행기를 이용한다고 해서 사치스럽다고 생각하는 사람은 하나도 없었다. 주님의 사랑을 위한, 즉 회원들의 필요에 좀더 빨리, 좀더 많이 응하기 위한 여행이었기 때문이다. 그는 쉴 여유가 없었다. 기차를 타든 비행기를 타든 조금이라도 여유가 생기면 그는 기도와 묵상에 잠겼다. 그러나 조용히 기도에만 잠겨 있는 것도 아니었다. 사도적 열의에 찬 그는 방문하는 곳마다 그대로 지나치지 않았다.

"인구가 얼마나 되는가? 그 중에 신자는? 또 신자 중에서도 열심한 이들이 얼마나 되는가? 비신자들에게 어떻게 가까이 갈 수 있을까? 사제와 수녀들은 몇 명이나 필요할까? 또 선교방법은?"

그의 머리는 이런 생각으로 가득 찼고, 좀더 효과적인 사도직 계획을 세우기에 늘 바빴다. 이러한 그는 일생 동안 한 번도 자신이 좋아서 여행한 적은 없었다. 로마를 떠날 필요가 없을 경우에는 아무리 더운 여름이라도 "내 자리는 여기입니다."라고 말하며 로마에 머물렀다. 또한 어느 곳에 가든지 필요 이상 머무는 일이 없었고 관광 같은 것은 생각하지도 않았다. 다만 수도회가 방문을 필요로 할 때, 사람들과 만날 필요를 느낄 때, 유명한 사람이거나 보잘것없는 사람이거나 상관없이, 특히 이민移民 간 이들을 위해서 특별한 관심을 가지고 방문했다. 그 목적은 언제나 바오로 가족의 번영을 위한 것이었다. 목적지에 도착하면 그를 기다리는 것은 강론과 훈화와 개인 면담, 문제를 해결해 주고 충고와 의견과 격려를 하는 일들이었다. 어느 곳에서는 하루에 열 번이나 강론을 해야 하는 경우도 있었으니, 이처럼 그의 하루는 완전히 남을 위한 헌신으로 일관되었다. 인간적인 면에서 보면 조금도 재미있거나 즐거운 것이 아니었다. 피곤하고 고통스러운 일뿐이었지만, 그의 마음 안에서 타오르던 불꽃은 이 모든 것을 살라버릴 만큼 강렬했다. 그러므로 그곳에서 일이 끝나면 가능한 한 가장 빠른 길을 택해서 로마로 돌아오곤 했다.

그의 건강은 그리 좋은 편이 아니었다. 긴 여행과 강론과 면담이 그의 건강을 점차로 쇠약하게 만들었지만, 그는 여간해서 피로함을 드러내지도 또 쉬지도 않았다.

한번은 인도를 방문했다가 병이 나서 로마로 돌아온 적이 있다. 이 소식을 듣고 성바오로딸수도회의 원장 수녀가 병문안을 왔다. 그러나 복자 알베리오네는 반기지 않았다.

"나는 병문안을 받을 정도로 많이 아프지 않습니다. 나 때문에 수녀님이 직무를 소홀히 한다면 그것이야말로 안 되는 일입니다. 나를 염려하는 마음이라면 어서 돌아가서 원장 수녀님을 기다리고 있는 일들을 열심히 해주십시오."

### 아버지로서의 방문

지금까지는 복자 알베리오네의 정신을 통찰하고 그의 어려움과 근심과 고뇌와 무거운 임무를 살펴보았다. 이제는 그의 생애를 일관해 온 형제적 사랑의 뜨거운 맥박을 같이 느껴 보기 위하여, 하느님 말씀의 씨앗을 온 세상에 뿌리기 위하여 애쓴 그의 사도적 노고를 살펴보기로 하자.

알베리오네가 이탈리아에서 가장 자주 왕래한 곳은 알바이다. 그 외에 밀라노, 토리노, 피렌체, 모데나, 페스카라, 카타니아 등지에 산재해 있는 성바오로수도회 분원들을 자주 방문하였다. 회원들과 사도직을 성화하고 격려하고 빛을 주기 위하여 이곳들을 왕래할 뿐 아니라 대륙횡단도 여러 번 했다. 그 중요한 여정을 기록해 본다.

- 1945년 12월, 아메리카에 산재해 있는 성바오로수도회를 방문하고 파리를 거쳐 로마로 돌아왔다가 다시 스페인과 포르투갈을 향하여 떠났다.
- 1929년 5월, 동양으로 갔다. 이곳에서 바오로 사도의 사도적 정신에 관한 장문의 보고서를 보냈다. 그리고 미국과 멕시코로 직행했다.
- 1955년 6월, 동양의 인도, 일본, 중국, 오스트레일리아를 방문하였다. 오스트레일리아에서 살고 있는 이탈리아의 이민자들을 위해 방송을 통한 강론을 했다. 그곳에서 보낸 편지에 이런 말도 있었다.
"동양에서는 마리아의 품안에서 예수님을 찾고, 마리아 안에서 예수님을 소유해야 하는데, 이것은 변할 수 없는 것이다. 일본, 오스트레일리아, 필리핀, 인도에 있는 우리 회원들은 하느님의 길인 이 길을 따르고 있다."
- 1955년 10월에서 11월 사이에는 멕시코, 콜롬비아, 칠레, 아르헨티나에 있는 성바오로수도회를 방문하였다.
- 1963년, 전세계에 산재해 있는 모든 성바오로수도회(3월에 한국을 방문하였다)를 방문하였다. 이때 그는 다음과 같은 기록을 남겼다.
"나는 아시아, 아프리카에서 가장 깊은 감명을 받았다. 사람이 자신에게서 이탈하면 할수록 예수 그리스도를 통하여 인류 모두에게 전해진 천상의 은혜를 소유하지 못한 불쌍한 이들을 찾아가야 한다는 필요성을 더 절실히 느끼게 된다. 주님과 친밀해

질수록 이런 느낌은 더욱 생생해질 것이다."
- 1964년 1월, 콩고에 갔다.
- 1964년, 독일의 성바오로수도회를 방문하였다.

그는 "스페인, 포르투갈, 영국, 프랑스의 성바오로수도회를 종종 방문할 필요를 느낀다."라고 기록하였다.

여행의 피로와 위험은 적은 것이 아니라고 성 바오로 사도처럼 말할 수 있다. 이 긴 여행을 해낼 수 있는 알베리오네의 끈기와 강건함의 뿌리는 물론 예수 그리스도에게서 나왔다.

### 교황의 승인

교황 바오로 6세는 복자 알베리오네에 대해 "우리 세대에 경탄할 만한 인물 중의 한 분이십니다."라고 말했다.

그의 업적을 볼 때 가장 타당하게 평가한 말이라고 하지 않을 수 없다.

1969년 6월 28일, 클레멘스 대강당에서 복자 알베리오네와 바오로 가족의 모든 회원이 교황을 알현했을 때 들은 말씀의 일부를 옮겨 보자.

"우리가 본 바에 의하면 여러분의 광범위한 선교활동은 두 가지의 특징으로 구분해 볼 수 있습니다. 즉 '지속성과 모세관 작용'입니다.
여러분의 사도직은 취미나 일시적인 창안에 의해 실천하는 것이 아닙니다. 지속성, 즉 항구성과 인내성이 바로 여러분의 설립자의 특징입니다. 여러분의 설립자는 뛰어난 독창력으로 특수한 사도직을 지속시켜 나갈 것입니다.

　모세관 작용이란 바로 여러분의 사도적 활동이 가져오는 침투작용을 말합니다. 그리고 이를 위해서는 여러 가지 다른 덕을 갖춰야 하는데, 그 여러 덕에 대해서 기꺼이 찬사를 보냅니다. 계속 그 덕을 갖추고 실천해 가기 바랍니다.

　그 덕이란 현명하게 관리하고 시대의 필요성을 민감하게 느낄 수 있는 주의 깊은 시선, 사람들에게 선과 위안을 주고자 하는 마음, 기술적인 수단들이 더 많은 효과를 내게 하기 위한 충실함과 희생정신, 그리고 진리 안에서 사랑을 베푸는 것입니다.

　얼마나 많은 이들이 아무 것도 보지 못한 채 세월을 낭비하고 있습니까? 그들은 근시안을 가진 사람이나 장님과 같습니다. 그들은 우리 주변에 도움을 필요로 하는 이들이 널려 있지만 보지 못합니다. 바로 여기서 선을 행해야 하는데 그것을 알지 못합니다. 바로 여기서 사랑을 호소하는데도 알지 못합니다. 바로 여기서 희생과 봉사를 필요로 하는데도 느끼지 못합니다.

　여러분의 활동은 복음에 뿌리를 둔 활동이고, 이것이 바로 여러분의 수도회가 지니고 있는 덕입니다."

### 도구와 인간

　"그리고……. 우리가 밀라노에서 사목생활을 할 때 잊을 수 없는 일이 있었습니다. 그때에는 학교나 다른 건물의 준공식에 참석할 기회가 종종 있었습니다. 그 건물들은 근대 문명의 위대한 산물이라 할 수 있을 정도로 아름다웠고, 마치 아름다운 연주를 기다리는 피아노처럼 보이기도 했습니다. 그런데 건물, 즉 피아노를 만드는 데는 힘쓰면서도 피아노 연주자를 길러내는 일에는 소홀한 것이 요즘의 현실입니다. 학교 건물은 짓지만 학생들에게 인격과 덕행을 심어 줄 교사들을 길러내는 데는 무심하다는 것입니다.

참된 영적 운동을 일으키기보다 수단을 만들어내는 데만 힘을 쓰고 있으며, 그래서 기술만이 발달하고 있습니다. 그러나 그리스도교적인 삶에는 수단보다 말씀과 은총과 품위와 부유함이 있습니다. 그리고 그리스도교적인 삶은 이 두 가지를 일치시킬 줄도 압니다. 즉, 수단과 목적, 내용과 그 내용을 전달하는 수단을 잘 일치시키고 있습니다."

### 큰 발전

"여러분의 사업이 이처럼 빨리 큰 발전을 이룩한 데 대해서 대단히 만족스럽게 생각하는 바입니다. 훌륭한 인재와 창의력의 증가, 그에 따른 풍요한 결실들, 기술과 내용 면에서도 완전하였습니다. 성바오로수도회는 우리 세대에 교회의 생명이요, 생생한 역사를 이루는 거대하고 활력 있는 단체가 되었습니다."

### 교회의 생명 안에서

"성바오로수도회는 인류 역사와 교회사에 길이 남아야 할 업적이라고 하겠습니다. 이처럼 기쁨을 주는 사실을 눈앞에 보면서 주님을 찬미하고 여러분에게 이 사실을 입증하게 됨을 큰 기쁨으로 생각하는 바입니다.

여러분은 교회의 생명체 안에, 문자 그대로 표현하자면 사회홍보 수단 분야에서 공의회의 결정을 실현하였습니다. 우리는 기꺼이 이를 인정하며 찬사와 격려를 보내는 바입니다.

그런데 한 가지 의문이 생깁니다. 역사가 짧은 성바오로수도회가 어떻게 이처럼 눈부시게 발전할 수 있었을까? 이 세상에서 하느님 나라를 넓혀 가는 데에는 여러 가지 비결이 있을 수 있습니다. 그러나 이 수도회의 발전에 직접적인 영향을 끼친 두 가지 요인이 있습니다. 두 개의 의지라고 볼 수도 있습니다. 즉, 인간과 하느님의 의지, 겸허하고 충실한 종과 자애로운 아버지의 은총을 내려주시는 두 의지가 일치한 결과라고 보겠습니다.

우리의 사랑과 감사의 마음을 바오로 가족의 모든 회원들에게 드립니다. 사회홍보수단을 잘 이용하여 사도직에 더욱 크게 발전하기를 바랍니다. 존경하올 알베리오네에게 교회와 본인은 감사의 표시로 십자훈장을 수여하는 바입니다."

### 인정해야 할 행적

복자 알베리오네는 항상 사회의 모든 분야에 파고 들어가 하느님의 사랑을 보여 주었다. 복음의 빛이 어느 곳에나 스며들기를 바라는 그는 사회 모든 계층의 사람들과 만나는 데 힘썼다. 그는 이런 이야기를 한 적이 있다.

"모든 활동과 기도가 정치, 교육, 가정, 법률, 사회를 그리스도화하도록……. 길·진리·생명이신 그리스도께서 세상을 다스리시게 되도록……. 바오로 가족은 막대한 의무와 책임을 지고 있는 것입니다."

이탈리아 정부도 복자 알베리오네에게 감사장을 수여했다. 즉, 1957년 6월 26일에 이탈리아 대통령 그론키 경은 알베리오네의 사회적 공헌을 치하하여 상장과 금메달을 수여했다.

### 영광과 겸손함

많은 발전을 이룩한 바오로 가족 내에 기념일과 축일도 빈번해졌다. 그러나 이러한 축일이 다가오면 주인공인 알베리오네는 눈에 띄지 않는 곳을 찾았다. 자만심이 생길까 두렵다고 스스로 고백한 적도 있다. 알베리오네는 1953년이 되어서야 성바오로수도회가 카타콤에서 나올 때가 되었다고 말했다. 그러나 그는 진심으로 이런 말을 덧붙였다.

"알베리오네가 한 것은 아무 것도 없습니다. 모든 것은 다 하느님께로부터 왔습니다."

그에게 중요한 것은 오직 하느님의 뜻을 따르는 것이었고, 그의 심려는 자녀들을 사도로서 키워 나가는 것이었다.

### 하느님과 산 증인

사도는 하느님을 드러내 보이는 산 증인이어야 한다. 사도는 성령의 성전이다. 어느 작가의 말처럼 하느님의 사도는 말, 행동, 일, 태도, 삶 전체에서, 호흡에서 하느님이 넘치고 있음을 드러내 보여야 한다. 어느 때, 어느 곳, 어떤 환경에서도 그래야 한다. 사도의 삶은 이 세상에서 특이한 삶을 살고 간 그의 삶과 이어져야 한다. 사도의 일상적인 생활, 여러 가지로 겪게 되는 일들이 그의 특수한 사명과 긴밀히 연관되기 때문이다. 그의 특징을 본다.

- 그는 재확인하고 격려하고 위로하며, 아버지로서 형제로서 친구로서, 즉 모든 이에게 모든 것이 되어 주었다.
- 그는 단순하고 성실한 표현으로 하느님의 의도를 모든 이가 받

아들일 수 있게 하였다.
- 그는 열심히 일했다. 그는 언제나 침묵을 지켰고, 자신을 드러낸 적이 없다. 근심이나 걱정도 나타내지 않았다. 그렇게 많은 일을 했으나 '바쁜 사람'으로 보인 적이 없다. 그를 볼 때에 감탄이 앞서게 된다. 그는 모든 면에 있어서 우리의 스승이었다.

# 하느님 사람의 비결[3]

제3부

"내가 이 사람들을 위하여 이 몸을 아버지께 바치는 것은
이 사람들도 참으로 아버지께 자기 몸을 바치게 하려는 것입니다."

(요한 17,19)

"형제들이 성인이 되는 것 이외에는 아무 것도 바랄 것이 없습니다."

(복자 알베리오네)

---

3) 알베리오네 신부가 생전에 큰 사랑과 깊은 숙고로 구상했던 성가정회는 그의 서거 후에 발족되었다.

# 성덕 안에서, 그리스도 안에서, 교회 안에서

*그분에게 더욱 가까이*

이 거룩한 사람의 비밀을 좀더 깊이 파헤쳐 보자. 우선 그의 글을 통해 알아본다.

복자 알베리오네의 가장 큰 원의는 성인이 되는 것, 영적 자녀들까지 성덕의 길로 인도하는 것이다. 그는 이 원의가 이루어지도록 최선을 다하여 노력했다. 그가 초창기 소년 회원들에게 말한 것을 들어 보자.

"나를 괴롭히는 것은 두 가지뿐입니다. 내가 아직 충분히 좋은 인간이 아니라는 것과 여러분이 아직까지 성인이 아니라는 것입니다. 그 외에 다른 걱정은 없습니다. 이것만이 내 걱정입니다. 이 두 가지만 되면 다른 것은 자연히 해결될 것입니다."

그는 대사제인 예수님의 기도를 매일 바쳤다.

"내가 이 사람들을 위하여 이 몸을 아버지께 바치는 것은 이 사람들도 참으로 아버지께 자기 몸을 바치게 하려는 것입니다"(요한 17,19).

"바오로 가족의 첫 번째 심려는 삶을 성화하는 것이고, 두 번째는 교의를 성화하는 것이다."

이와 같은 알베리오네 신부의 염원은 헛되지 않아서 바오로 가족의 회원 중 두 명이 복자품에 올랐고 네 명이 시복조사諡福調査 중에 있다.

- **복자 디모테오 자카르도** : 성바오로수도회의 첫 사제이자 부총장이었다. 생전에 '충실한 자들 중에 가장 충실한 자', '완전한 성바오로수도회의 회원'이라고 추앙받은 그는 1989년 10월 22일에 교황 요한 바오로 2세에 의해 시복되었다.
- **복자 야고보 알베리오네** : 바오로 가족의 설립자인 그는 2003년 4월 27일에 교황 요한 바오로 2세에 의해 시복되었다.
- **마졸리노 비고룽고** : 초창기의 회원으로 14세의 어린 나이에 세상을 떠났다.
- **안드레아 보렐로 수사** : 성바오로수도회의 회원으로 15년간 수도생활을 하다가 32세에 세상을 떠났다.
- **테클라 메를로 수녀** : 성바오로딸수도회의 공동 창립자이며 초대 총장이었다.
- **프란치스코 키에사 신부** : 복자 알베리오네의 영적 지도자요 스승이었다. 복자 알베리오네가 바오로 가족이라는 위업을 이루는 데 결정적인 역할을 한 인물이다.

복자 알베리오네의 신조는 '성덕 안에서, 그리스도 안에서, 교회 안에서'였다.

"수도생활에서 가장 중요한 것은 성화되는 것이다. 명랑한 성인이 되자."

그가 평소에 수없이 되풀이하던 말이다. 성덕이라면 흔히 가까이 할 수 없는 경건함으로 표현되는 것과는 상반되는 표현이다. 그러나 성인이란 하느님의 기쁨을 가장 잘 전해 주는 사람임을 생각할 때 제일 적절한 표현이라 하지 않을 수 없다.

### 기도와 성덕의 길

하느님께 찬미와 감사와 흠숭을 드리는 기도는 바오로 가족 회원들에게 가장 중요한 첫째 의무이다. 그러므로 가장 좋은 때에 이 의무를 수행해야 한다.

복자 알베리오네에게 기도는 추상적인 어떤 것이 아니었다. 기도는 그의 생애에서 하느님의 뜻이 순간순간 현실적으로 실현되는 때였다. 그는 편지를 쓸 때에 그리스도의 가르침인 "항상 깨어 기도하라."라는 말씀을 꼭 인용하였다.

그의 영성생활의 기초는 영성 지도신부인 키에사에게서 받은 것이다. 키에사 신부가 먼저 실천하면서 심어 준, 하느님을 찬미하고 감사드리고 청원하는 방법은 삶 전체를 기도로 승화해 나가는 것이었다.

예수님이 지상에 계실 때 하셨던 것처럼, 그는 존재 자체가 기도가 되도록 모든 삶의 방향을 잡아 나갔다. 그는 바오로 가족 모든 회원들이 이 기도정신을 지니고 살기를 원했고, 또 그렇게 살도록 가르쳤다. 자기 자신이 실천했을 뿐만 아니라 다른 사람들에게 실천하도록 가르친 행동지침은 '첫째가 기도, 무엇보다도 먼저 기도, 전 생애를 기도'였다. 이것은 지금의 우리를 깊이 각성하게 한다. 활동주의에 물들어 있으며, 기도를 하루 일과 가운데 제일 마지막으로 미루어 놓고는 어쩔 수 없이 기도하는 식의 우리를 마음속 깊은 곳에서부터 일깨우는 행동지침이 아닐 수 없다.

그가 '활동가'였음을 부인할 사람은 없을 것이다. 그렇지만 그는 먼저 '기도하는 사람'이었다. 기도는 그가 하는 모든 활동의 원천이었다. 사도적 활동을 위하여, 은인들을 위하여, 온 인류를 위하여 복자 알베리오네의 기도는 끊임없이 계속되었다. 바오로 사도도 말한 바 있다.

"모든 이를 위하여 주님께 기도를 드려야 합니다."

미사와 성무일도, 묵주기도, 화살기도……. 성당 안에서, 방안에서, 여행 중에 그는 언제나 기도했다.

사도 바오로의 이상은 '그리스도와 함께 하느님 안에 숨은 생활'이었고, 이것은 또한 알베리오네의 이상이기도 하다.

"나 없이는 너희가 아무 것도 하지 못한다."라고 말씀하신 예수 그리스도의 가르침을 복자 알베리오네는 일생 동안 실천하였다. 그에 따르면 "훌륭한 사제는 하루에 적어도 4시간은 기도를 드려야 한다." 그 자신은 하루에 5시간 내지 6시간을 기도했다. 일 때문에 부득이하게 기도시간을 줄여야 할 때는 바로 그 활동을 기도화했다.

피정에 참석 중이던 그의 책상 위에는 시간을 다투는 중요한 편지들이 쌓여 있었다. 그는 "내 영혼보다 더 급하고 중한 것이 있겠는가?"라고 하면서 피정이 끝난 다음에야 그 편지들을 보았다. 영혼을 잘 준비하기 위해서는 '좀더 기도해야 한다'는 것이 그의 생각이었다.

복자 알베리오네는 방문객들과 함께 기도하기도 했다. 그와 만나 이야기하고 함께 기도드릴 기회를 가졌던 사람들은 누구나 잊을 수 없는 순간이었다고 이야기한다.

협력자회의 한 여자 회원이 영명축일을 맞은 알베리오네를 방문한 일이 있다. 이야기 도중에 사도의 모후 성당에서 정오를 알리는 삼종이 울리기 시작하였다. 신부는 곧 일어나 삼종기도를 시작했는데, 순간적으로 그 기도에 깊이 몰입하여 기도문을 외는 음성을 거의 들을 수 없었다고 했다. 그리고 그 경건한 기도의 맛은 자기에게까지 스며들어 와 그 짧은 기도의 순간을 잊을 수 없게 되었노라고 이야기했다.

복자 알베리오네는 새벽 4시 30분에 미사를 봉헌하는 것을 관례로 삼았다. 그 미사에 필자도 참석한 적이 있는데, 그것은 내 일생 중 잊을 수 없는 순간이 되었다. 특히 인상적인 것은 미사 중의 복음 봉독이었다. 알베리오네는 복음을 한 마디 한 마디 천천히 힘을 주어 읽기 시작했다. 복음 봉독이 끝나자 잠시 침묵을 지켰다. 조금 후에 그는 다시 성서를 손에 들고 읽었던 성서 구절을 다시 한번 힘을 주어 강조하는 어조로 읽은 후에 해설을 했다. 다시 침묵으로 들어갔다. 그후 또 한번 같은 성서 구절을 한 마디 한 마디 강조하여 읽음으로써 그 말씀이 그 미사에 참여한 사람들의 마음속에 깊이 스며들게 해주었다. 그가 자신 안에 현존하시는 하느님을 함께 있는 모든 이에게 전해 준다는 것을 느낄 수 있었다. 지상에 있는 성인들을 통하여 하느님의 말씀이 우리에게 스며들게 함으로써 하느님의 선하심과 경이로우심을 느끼게 해주고 모든 이의 입에서 자연스럽게 찬미의 정이 흘러나오게 해준 것이다. 성인의 입을 통하여 듣는 하느님의 말씀이야말로 신선한 샘물처럼 목마른 이의 갈증을 풀어 주고 마음 깊이 스며들게 해준다는 것을 깊이 실감했다.

### 현세에서의 이탈

복자 알베리오네는 필요한 것과 불필요한 것을 하느님의 빛에 의하여 식별해 냈다. 그래서 예수님께 가는 길에 적합하지 않으며 방해된다고 여겨지는 것들을 재빨리 포기하고 이탈하는 습관을 길러 나갔다. 하느님과의 일치를 방해하는 모든 물질적인 것에서 이탈해 나갔다. 금전적인 것으로부터의 이탈은 무엇보다도 철저했다.

"교구 신부로 있을 때 나는 지폐를 넣어 두는 지갑과 동전지갑, 두 개를 갖고 있었다. 그러나 바오로 가족을 세우고 이 가정 안으로 들어온 뒤에는 그 지갑 두 개를 모두 버렸다. 금전적인 필요와 지불할 용도는 더 많아졌지만 필요한 것은 주님께 청할 생각을 했기 때문이다."

성 프란치스코의 청빈을 찬양한 단테는 이렇게 노래했다. "오, 이름 없는 부富여! 오, 더할 수 없는 풍요로움이여!"

가난의 정신은 지상의 물질로부터 이탈하게 해주며 영적인 부를 향해 가는 문을 열어 준다. 이 점에 대해서 설립자는 "청빈 정신을 갖지 못한다면 성덕을 버리는 것이다."라고 했다. 무엇이 부족할 때 그는 오히려 기뻐했다. 그리고 자신을 위해서는 최대한 절약했다. 구두는 몇 번씩이나 수선해서 신었고, 옷도 꼭 필요한 것 외에는 없었다. 편지를 쓸 때에도 개인 인사를 보내는 것은 낭비라고 생각하여 피했다. 여러 차례 세계여행을 했지만, 관광을 목적으로 여행한다는 것은 생각할 수도 없는 일이었다. 가구는 값싼 것을 사용했다.

그는 건강상 의사의 권고를 들었지만 공동체 회원들과 함께 같은 음식을 들었는데, 음식에 관해 일절 표현한 바가 없었기 때문에 그의 기호를 아는 이가 없었다. 그가 얼마나 미각에 대한 절제가 철저했는지를 잘 알려 주는 짧은 일화가 있다. 급히 외출해야 하는 그의 커피잔에 실수로 설탕 대신 소금을 넣은 적이 있는데, 그는 그것을 그대로 마셨다. 자동차에 올랐을 때 이 사실을 말하자, 정말 소금을 넣었느냐고 물을 정도로 그는 무관심했다.

선물에 대해서도 마찬가지였다. 선물이 들어오면 그는 번번이 자기보다 더 필요로 하는 이를 어떻게 해서든지 알아내어 그것을 주었다. 물질적인 이탈에 대해서는 부수적인 일이라고 소홀히 여기는 이들이 의외로 많은 것을 보게 된다. 그러나 물질적인 이탈정신이 없을 때에 자기의 존재와 생명까지 이탈하는 것은 생각할 수 없다. 복자 알베리오네의 이탈은 존재 자체에까지 이르는 완전한 이탈이었다. 이탈정신이 얼마나 완전하였는지 그의 다음 기도를 보기로 하자.

"하느님께서 현재와 영원까지 이루어지기 원하시는 것을 원하시는 만큼 실현하시도록, 주님께서 나의 의지와 기호와 선택권을 도로 걷어 가시도록 기도드립니다. 주님께서 원하시는 대로 자유롭게 나를 사용하시도록……. 하느님께서 원하신다면 나의 건강, 명예, 신분, 사도직, 이 모든 것을 무無로 돌려주십시오. 하느님의 자비를 영원히 찬양하고 나의 모든 죄와 벌을 줄여 주시도록……. 모든 것을 단지 하느님의 영광만을 위하여…….

### 순명

그의 이탈은 완전한 순명덕에서도 나타난다. 그는 순명을 '성인이 되게 하는 길, 특별한 성인이 되게 하는 가장 확실한 길'로 보았다.

그러므로 그의 순명은 명해진 것만을 그저 따라서 하는 식이 아니었다. 그는 사소한 일이든 중대한 일이든 간에 온 마음과 온 정신과 온 정성을 다하여 실천했다. 작은 일이든 큰 일이든 관계없이 언제나 하느님의 뜻으로 받아들였기 때문이다.

그는 하느님의 계획과 섭리에 완전히 모든 것을 맡겼으므로 자신이 이룩한 위대한 사업에 대해서도 완전히 이탈해 있었다. 하느님의 뜻이 확실치 않을 때에도 그는 자기의 의견이나 주장을 내세우는 일 없이 순명 안에서 계획된 대로 실천하기에 힘썼다.

그가 복자 자카르도와 함께 얼마나 어려운 순명을 실천했는지 한 예를 보기로 하자.

교황청 수도회성이 성바오로딸수도회와 스승 예수 제자 수녀회를 두 개의 독립된 수도회로 승인해 주기를 바라는 설립자의 의사를 받아들이지 않았다. 두 개의 여자 수도회를 하나로 통합해서 운영하라는 수도회성의 교서 말미에 복자 자카르도는 다음과 같은 주석을 붙여 놓았다.

"순명보다 더 감미롭고 가치 있는 것은 없습니다. 이번이야말로 위대한 순명 정신을 보여줄 때라고 생각합니다. 총장님과 내가 이 순명덕을 처음으로 함께 실천할 수 있음을 기뻐합니다. 이 교서를 받자마자 '영광송'을 세 번 바쳐 주십시오. 활발한 사도직을 해 나가기를 바라는 수도회성의 원의에 더욱 일치하기를 바랍니다."

복자 알베리오네는 스승 예수 제자 수녀회의 사도직은 바로 하느님이 원하시는 것임을 확신하였다. 교회의 처사가 자신의 생각과는 판이하게 달랐지만, 그는 순명 정신으로 아무 구애 없이 더 확실한 길을 택하여 교회에서 승인을 해줄 때까지 기다렸다. 지금 우리의 사고방식으로는 이 순명 정신을 이해하기가 쉬운 일이 아니다. 그는 한층 더 확실하고 견고한 순명의 길을 택함으로써 좋은 열매를 더 많이 내게 되었다.

물론 이 시련을 거친 후에 스승 예수 제자 수녀회는 독립된 수도회로 승인받아 많은 발전을 보았다.

## 겸손

겸손은 하느님의 계시를 지나가게 하는 운하運河이다. 겸손한 사람은 자아라는 방해물을 제거하여 오직 하느님의 뜻만이 이루어지도록 언제나 자신을 하느님께 내어 드린다.

"하느님은 당신 뜻대로 행하신다. 큰 것을 청하라. 하느님은 겸손한 간청과 큰 원의를 좋아하시기 때문이다."

주님 앞에서 자신이 아무 것도 아님을 깊이 인식하는 복자 알베리오네의 겸손은 초자연적인 겸손에 뿌리를 두었다. 그의 겸손은 수도회의 장상들에게 훌륭한 모범이 되어 주었다.

1926년 1월, 복자 알베리오네의 첫 제자이며 가장 사랑하는 영적 아들 복자 자카르도가 첫 로마 분원을 시작하기 위해 알바를 떠날 때의 일이다. 두 신부가 감격적인 인사를 나누는 순간, 복자 알베리오네는 하얗게 쌓인 눈 위에 무릎을 꿇었다. 그리고 주위 사람들에게 말했다.

"자, 무릎을 꿇읍시다. 자카르도 신부님, 우리에게 강복을 주십시오."

복자 자카르도는 당황하여 무릎을 꿇으며 간청하듯 말했다.

"신부님께서 강복을 주셔야 합니다. 강복해 주십시오."

이는 마음속 깊이 진정한 겸손을 지닌 사람이 아니면 할 수 없는 겸손한 행위였다. 세상을 떠나기 전 병석에 있을 때 그의 겸손은 더욱 깊어져서 그의 모습, 그의 숨결에서마저 겸손이 풍겨 나오는 듯했다.

"가장 무능한 사람을 선택하신 하느님 앞에, 그리고 사람들 앞에서 주님께서 나에게 맡기신 사명이 끝났음을 느낍니다. 우리의 창립자, 아버지, 스승, 모범이 되어 주는 분은 바오로 사도이십니다. 바오로 가족은 감실에서 탄생했고, 주님으로부터 영양을 섭취하여 자라나고, 정신도 주님으로부터 받았습니다. 나와 같이 보잘것없는 사람에게 주님은 성령을 보내시어 일하게 해주셨습니다."

"하느님께서는 지혜 있다는 자들을 부끄럽게 하시려고 이 세상의 어리석은 사람들을 택하셨으며, 강하다는 자들을 부끄럽게 하시려고 이 세상의 약한 사람들을 택하셨습니다. 또 유력한 자를 무력하게 하시려고 세상에서 보잘것없는 사람들과 멸시받는 사람들, 곧 아무 것도 아닌 사람들을 택하셨습니다"(1고린 1,27-28).

사제직에 대한 알베리오네의 존경과 찬미 또한 대단했다. 그러므로 그는 자신이 사제성소를 받기에 너무나 부당한 자라고 늘 겸손해 하면서 하느님께 받은 은총과 영광을 추호도 개인에게 돌리는 일이 없었다. 그는 사제가 미사를 끝낸 후 제의를 벗고 사라지는 것처럼 하느님 앞에서 아무 가치 없는 존재로 남아 있기를 원했다.

"주님께서는 당신의 빛을 통하여 내가 무無, 아무 것도 아님을 분명히 알게 해주셨습니다. 나는 한 남자로, 그리스도교 신자로, 사제로, 성바오로수도회의 회원으로…… 나의 보잘것없는 신분에 대해서 만족하고 있습니다. 나의 무가치함으로 말미암아 주님과 협조자이신 성모님께서 영원히 찬양받으시기 때문입니다. …… 얼마나 불완전하고 과실투성이인지! 하느님의 영광을 위하여, 영혼들을 위하여, 바오로 가족을 위하여, 모든 고통을 받습니다. …… 좋은 것은 모두가 하느님의 것입니다. 죽음은 죄를 더 범하게 하지 않으므로 나를 기쁘게 해줍니다."

하느님께로부터 받은 은총의 위대함을 찬양하는 그는 자신에게 돌려지는 인간적 명예에 대해서는 최대의 겸손으로 사양하고 물러섰다. 그 대신 자신에게 돌려지는 비난이나 질책은 부당하거나 오해로 인한 것이라 하더라도 기쁘게 받아들였다. 그는 항상 이렇게 말했다.

"내가 없어도 이 일은 잘 진행되어 갈 것이라고 생각하는 겸손한 마음을 길러야 합니다."

"여러분이 나보다 훌륭한 것을 보면 마음속 깊이 기쁨을 느끼지 않을 수 없습니다. 여러분 모두가 나보다 더 높은 자리에 있어야 합니다. 그러나 아무리 크게 되더라도 작은 사람으로 있어야 합니다. 겸덕은 신덕, 망덕, 애덕이 있을 자리를 준비해 줍니다."

### 신덕

복자 알베리오네는 초자연적 신덕 면에서 더욱 뛰어났다. 그의 신앙고백을 들어보자.

"신덕은 우리의 성화와 모든 사도직에 안정감을 주는 근원입니다.

모든 사람, 사건, 환경, 일상사를 하느님 안에서 보는 것이 바로 신앙입니다."

"사도신경을 묵상하고 생활하는 것, 신덕송을 잘 바치는 것이 바로 신앙입니다."

"생활화한 신앙은 아주 작은 일까지도 하느님 안에서 믿음으로 해내는 것입니다."

신앙이란 글자만의 표어가 아니다. 실생활이 되어야 한다. 알베리오네는 자신의 생애를 통해서 바로 살아 있는 신앙을 보여 주었다. 알베리오네의 굳은 신앙을 보여 주는 예는 수없이 많다. 어려움이 클수록 그의 믿음은 더욱 깊어지고 하느님께 대한 신뢰도 더욱 커져 갔다.

"신앙 안에 살 필요가 있습니다. 그러나 이것도 역시 하느님의 은총입니다. 하느님이 우리에게 느끼는 가장 큰 고통은 그분께 대한 우리의 신뢰 부족입니다."

주님은 굳센 신앙과 신뢰심에 대해 누구도 생각할 수 없는 큰 은혜로 대답해 주셨다. 한 예만 들어 보자.

알바 수도원 증축비로 1만 5천 리라를 급히 지불해야 할 일이 생겼다. 이 돈은 1920년 당시에는 상당한 거액이었으므로 쉽게 마련되지 않았다. 복자 알베리오네는 언제나 하던 식으로 스승 예수께 3일간 특별기도를 드렸다.

이 기도의 결과에 대해서 공적인 발표는 없었으나, 어떤 수녀의 말을 빌면 이루어졌다고 한다. 특별기도 도중에 초라한 차림의 여인이 찾아왔는데, 그 여인이 하도 가련해 보여 알베리오네가 도움을 주려고 했다. 그러자 그 여인은 아무 말 없이 꼭 필요한 만큼의 지폐 뭉치를 알베리오네의 손에 쥐어 주고 갔다. 그 여인이 어디서 온 누구인지는 끝내 알 수 없었다.

### 망덕

복자 알베리오네의 신덕은 또한 망덕을 길러 주었다. 그의 망덕 역시 초자연적이고 열정적이고 확실하였다. 그의 모든 위대한 사업은 망덕의 열매였다.

"나 혼자는 아무 것도 할 수 없다. 하느님과 함께할 때 모든 것을 할 수 있다."

그는 다음과 같은 기도를 드렸다.

"당신은 '내 이름으로 성부께 청하면 무엇이든지 주겠다.' 라고 말씀하셨습니다. '가장 큰 죄인에게 가장 많은 은총을 주시기를', 당신의 은총이 영원히 찬양받게 되고 이 찬양이 끝없이 퍼져가기를 청하오니, 이 죄인이 이 수도회의 첫 성인이 되게 해주시고 첫 사도가 되게 해주십시오."

"…… 하느님의 사업은 인간의 것과 다릅니다. 하느님의 사업은 하느님께 뿌리를 두고, 인간의 것은 지상에만 기인합니다."

복자 알베리오네는 영적 자녀들에게 이렇게 말했다.

"여러분이 이제 하느님께만 신뢰를 두어야 한다는 것을 알게 되었으니 기쁩니다. 하느님은 항상 넉넉히 주십니다. 아무리 돈이 많다고 해도 이 세상의 모든 욕구를 채우기에는 언제나 부족하기 마련입니다. 이 세상의 어느 누구도 여러분보다 더 큰 특권을 받은 사람은 없습니다. '하느님만 신뢰하는 사람은 복됩니다.'"

　복자 알베리오네에게 망덕은 이 세상을 초월하여 오직 위를 향하게 해주는 힘이었다. 망덕을 시험하는 여러 어려움이 끊일 사이 없이 닥쳐왔지만, 그는 오히려 그것들을 이용하여 망덕을 강화했다.

　"언제나 하늘을 바라보십시오. 지상의 사건들이 무슨 관계가 있습니까? 언제 어떤 어려움이 닥쳐오거나 유혹이 오더라도 이 모든 것은 공로를 세울 기회입니다. 모든 것은 우리의 성화를 위하여 주님께서 마련하시고 허락하신 것입니다. 그러므로 눈은 하늘로, 두 다리는 땅을 힘차게 딛고, 열렬한 마음을 가지십시오."

　그리스도인의 희망은 하느님 안에 뿌리를 두며 하느님 안에서만 성취된다는 것을 잊어서는 안 된다.

　망덕의 일차 목적은 영원한 행복에 마음을 두는 것, 즉 하늘나라를 향해 마음을 두는 것이다. 이차 목적은 하늘나라에 도달하기 위한 은총을 얻는 것이다.

　망덕은 우리를 실망에서 구해 준다. 당신 자녀들을 기다리시는 하느님 아버지께로 가기까지 고통과 고뇌의 십자가에 시달리는 우리를 위로해 준다. 참된 희망은 우리 자신을 생각하는 것이 아니라 하느님을 생각하는 것이다. 예수님의 구원 은총을 더 확실하게 믿는 것이다.

　망덕은 지상의 물질로부터 이탈하는 것이다. 다시 말하면 하늘나라에만 마음을 두는 것이다!

　망덕은 오늘의 삶을 성화시켜 준다.

　망덕은 어떤 시련도 이겨낼 수 있는 힘과 용기와 열의를 불어넣어 준다.

　이와 같이 망덕은 하느님으로부터 나오는 것으로, 인간이 겪는 시련과 유혹을 통하여 더욱 견고해진 확신을 가지고 다시 하느님께로 돌아가는 것이다.

　복자 알베리오네는 앞에 말한 망덕의 의미와 가치를 일상적인 삶에서 실천하여 덕행으로 체험하고 완성하였다. 제2차 세계대전보다 더 고통스러운 시련이 있을까? 이 전쟁 동안 전세계에 널리 퍼져 있던 바오로 가족 회원들은 많은 고통을 당하였다. 사도직 면에서도 어려움이 컸으나, 알베리오네는 하느님의 사업은 절대로 파괴되지 않는다는 확신을 가지고 있었다. 모든 것을 하느님 안에서 더욱 신뢰하면서 희망하였다. 그는 전쟁 중에 성탄절을 맞이하여 바오로 가족 회원들에게 다음과 같은 편지를 보냈다.

　"세계 역사를 보면 위대하고 아름다운 역사적 위업들은 언제나 가장 어려운 시기에 시작되어 발전하곤 하였습니다. 괴로움 속에서 방황하면서도 무언가 해보려는 몇몇 사람들의 힘에 의해 실현된 것입니다. 당시 사람들 중 어느 누가 이런 일들이 실현될 수 있다고 믿었겠습니까?"

　주님께서는 우리를 수없이 많은 방법으로 도와주셨다. 바오로 가족에 속해 있는 사람들은 경제적인 면뿐 아니라 화재, 폭격, 포로수용소, 전쟁터 등 유럽 전역을 휩싸고 있던 전쟁과 살육의 무서운 불꽃으로부터도 보호받았음을 실감할 수 있다. 폭격이 심했던 칼리아리에 성바오로딸수도회가 있었으나 조금도 피해를 입지 않았다. 또 트럭을 타고 가던 중 폭격을 당해 동승했던 사람들 중에서 사망자와 부상자가 생겼으나 성바오로딸수도회 수녀들은 무사했다. 특수한 환경뿐 아니라 일상적인 일에서도 알베리오네의 기도와 그가 함께 있다는 의식은 모두에게 위안과 희망을 안겨 주었다.

많은 방문객들이 복자 알베리오네를 찾아왔다. 그들은 알베리오네 신부를 만나기 전까지는 몹시 지루해하고 초조해했다. 그러나 문이 열리고 방안으로 맞아들여져 자애로운 아버지 같은 그와 마주앉으면 아무리 초면이더라도 오랫동안 알고 지내던 사람처럼 느껴져 스스럼없이 마음을 털어놓게 되었다. 그를 만나는 사람들은 마치 스승 예수님을 만나는 듯한 느낌마저 든다고 했다. 그의 입에서 흘러나오는 하느님 나라에 대한 말씀과 그 말씀을 사는 사람의 모습을 보았기 때문이다. 그는 하느님께 모든 것을 완전히 봉헌한 성인의 모습을 보여 줌으로써, 인간적인 약점에서 오는 모든 장애물을 벗어나 하느님께 나아가 그분을 만날 수 있는 길을 터 주었다.

### 애덕 - 하느님 사랑

복자 알베리오네는 사랑의 본질을 이렇게 표명하였다.

사랑이신 하느님은 나의 내면세계를 모두 차지하고 계신다. 나의 전 생애는 언제나 하느님께로만 향하여 있다. 하느님을 사랑한다는 것은,
- 그분께만 매달리는 것이다.
- 마음을 다하여 신앙의 진리에 동의함으로써 초자연적 생각을 갖는 것이다.
- 의지를 다하여 하느님이 우리에게 계시해 주신 것을 기뻐하고, 하느님께 영광을 더해 드리고, 사람들을 하느님께로 이끌어가도록 열렬히 바라며 일하는 것이다.
- 정성을 다하여 하느님과의 일치를 지속하고, 성체성사에 중심

을 둔 삶 안에서 성체성사에 대한 존경심을 기르는 것이다. 성체성사는 사랑을 길러 주는 원천이기 때문이다.
- 모든 것을 완전히 버리는 것이다.
- 하느님께 반대되는 것, 즉 하느님께서 원하지 않으시는 것은 하지 않는 것이다. 모든 죄에 대한 투쟁, 이것은 현대문명의 이기를 통하여 진리를 전파하는 사도직을 수행하는 것을 의미한다.

복자 알베리오네는 지향과 마찬가지로 삶의 실천도 뛰어난 사랑으로 해 나갔다.
"하느님의 영광과 사람들의 선을 위해서만 모든 것을 행하라. …… 하느님을 잃어버리기보다는 모든 것을 버려라."

### 애덕 - 이웃 사랑

하느님께 대한 사랑에 깊은 뿌리를 박을 때 이웃에 대한 사랑은 자연스럽게 흘러나온다.

"한 마디로 말해서 하느님께 대한 사랑과 이웃에 대한 사랑, 이 두 계명을 하나의 계명으로 사십시오. …… 하느님은 사랑이십니다. 그러므로 사도들은 무엇보다도 자기가 속한 단체 안에서, 좀더 범위를 넓혀 어느 곳에서나 사랑을 실천해야 합니다. 이미 형제적 유대가 잘 맺어진 곳에서는 더 깊어지도록 하며, 곤란한 문제가 있거나 인내가 요구될 때 특히 이 사랑을 실천해야 합니다.
이웃 사랑은 영적인 자비를, 육신적으로는 그 자비를 실천하는 것을 필요로 합니다.

첫째, 믿음이 부족한 사람에게 충고를 해주고, 근심하는 사람을 위로하고, 고통받는 사람을 찾아가 덕행을 실천하도록 용기를 주고, 기도와 노동의 의무를 즐거이 행하도록 해야 합니다. 덕행의 아름다움을 이해시키고, 의무가 무엇인지 설명하고, 사랑으로 격려하며, 인내를 가지고 이해하는 마음으로 이웃을 대해야 합니다.

둘째, 불필요한 대화를 피하도록 노력해야 합니다. 어려움에 부닥친 사람이 있으면 최선을 다해 도와주어야 합니다. 고통을 견딜 줄 알아야 합니다. 가족들과 자기가 속한 단체 회원들의 성화를 위하여 기도하십시오. 특히 교회와 교황과 전세계를 위하여 기도하십시오.

사랑에는 용기가 있어야 합니다. 내게 주어지는 충고를 타당하든 부당하든 상관없이 용기 있게 받아들이고, 또 필요하면 다른 이에게도 충고할 수 있는 용기가 있어야 합니다. 그러나 잊지 말아야 할 것은 누구나 장점 한 가지는 지니고 있다는 점입니다. 그러므로 다른 이를 볼 때 우선 해야 할 일은 어딘가 숨어 있을 그 사람의 장점을 찾아내는 것입니다. 다른 이의 마음을 상하게 하지 않으면서 결점을 말해 주고 좋은 방향으로 이끌어 나갈 수 있는 방법이 많이 있을 것입니다.

수도생활은 어려운 것입니다. 수도자들의 임무는 무겁습니다. 하느님께서 우리를 어떻게 대해 주시는지 잘 보면서 서로 짐을 나누어 질 수 있도록 서로 사랑으로 대하는 법을 배우십시오."

이상에서 볼 수 있듯이 알베리오네는 자신에 대해서는 엄격했지만 타인에 대해서는 섬세하게 사랑을 베풀었다. 엄격함이 요구될 때는 엄격했지만 대개는 감탄할 정도의 이해심을 보여 주었다. 각 사람이 타고난 천부적 재능을 최대한 발휘하기를 요구했지만 각 사람의 성격, 타고난 건강 및 환경의 차이에 대해서는 충분히 존중할 줄 알았다.

이미 앞에서도 말했지만 복자 알베리오네는 자신의 영적 자녀들을 스승 예수님께 이끌면서도 자신의 훈계나 가르침의 말 한마디 한마디에 여간 주의를 기울이지 않았다. 그러므로 훈계를 들으러 갔던 이들은 엄한 충고가 아닌 기분 좋은 위로와 격려를 받아 기쁘고 가벼운 마음으로 용기백배해서 돌아오곤 하였다.

섬세한 마음과 자애로운 부성으로 가까운 이들에게 실천한 그의 사랑에 대해 편지와 증인들의 이야기를 통해 알아보자. 먼저 그의 편지에 나타난 사랑의 표현이다.

"여러분들의 고통은 바로 나의 것입니다."

"당신이 고통을 당하고 있음을 나도 알고 있습니다. 내게 편지조차 쓸 수 없는 당신의 고통이 얼마나 큰지 잘 알고 있습니다. 그 모든 심정을 나는 잘 이해하고 있습니다. 내가 바라고 기도하는 바는, 이 모든 것이 당신의 성화를 위해 도움이 되는 것뿐입니다."

"건강을 위해서 보일러를 설치할 필요가 있으면 꼭 설치하십시오. 약이 필요하거나 건강 때문에 특별한 배려가 요구된다면 사랑으로 잘 돌보아 주십시오."

"당신이 진정으로 성덕에 진보하기를 바라고 있다는 것을 압니다. 그러기에 당신이 좋아할 수 없는 사람까지 사랑할 수 있게 되기를 바랍니다. 당신과 함께 당신을 위하여 기도합니다."

환자들에 대한 알베리오네의 특별한 사랑은 사제들과 남녀 수도자를 위한 요양원을 세우는 데까지 이르렀다. 그의 사랑은 이처럼 육체적인 것에서 시작하여 영적인 면에 이르는 실제적인 것이었다. 다시 그의 사랑에 대한 훈화를 들어보자.

"지도자들은 아랫사람들의 죄까지 보속할 각오가 되어 있어야 합니다. 그러나 항상 자신의 죄부터 보속해야 함을 잊지 말아야 할 것입니다. 이런 정신이 깊지 못할 때 그 보속은 오만이 될 위험이 크기 때문입니다."

그의 사랑은 겸손에 깊이 뿌리박고 있음을 알 수 있다. 그에게는 스스로 실천해 온 사랑의 최대 표현인 용서가 기본자세임을 다시 보게 된다.

### 용덕 勇德

위의 모든 덕을 지니기 위해서는 용기가 필요하다.

"성인이 되기 위해서는 강해야 합니다. 일상의 업무를 의지적으로 완전하고 신속하게, 기쁜 마음으로 실천한다는 것은 용덕이 없이는 불가능합니다."

이 말씀에서 특히 두 가지 점이 드러난다. '일상의 업무'와 '기쁜 마음'이다.

'기쁜 마음'이 중요시되는 것은, 우리가 흔히 하느님의 사랑과 형제들에 대한 사랑을 실천하기는커녕 도리어 우리의 슬픈 표정과 무관심한 태도로 형제들을 초조하고 조급하게 만드는 까닭이다.

'일상의 업무'는 마음을 모아 자신의 힘을 순간순간에 온통 쏟아 부음으로써 하루를 좀더 보람있고 충실하게 지내야 하는 우리가 그 일상을 무력함과 타성으로 무의미하게 처리해 버리고 있음을 일깨워 준다.

하느님의 사람은 매 초, 매 분, 매 시간을 타성적으로 흘려보내지 않는다. 오히려 그 순간들을 온 생애를 정복할 수 있고 드높일 수 있는 소중한 때로 이끌어 나간다. 이것이 바로 영웅적인 삶의 방법이다. 이렇게 생활하는 사람은 매 순간을 하느님을 찬양하고 하느님께 영광을 드리는 기회로 삼아 사랑을 실천한다.

이러한 일들은 쉬운 것이 아니다. 그러나 이 삶의 힘이야말로 젊은이의 마음을 사로잡는다. 이 힘은 무엇인가 하고 싶어하는 관대한 이들의 관심을 끌고, 삶에 시달리며 피로해하는 이들에게 생기를 불어넣게 된다. 바로 모든 부富의 원천인 길, 진리, 생명이신 그리스도의 삶을 사는 것이다.

## 길 · 진리 · 생명이신 스승 예수

"길이요 진리요 생명이신 스승 예수님, 저희에게 자비를 베푸소서."라는 기도를 바오로 가족 회원들은 모든 일을 시작하고 끝낼 때마다 바친다. 이 기도문이야말로 복자 알베리오네의 영적 생활의 기초로서 모든 회원들에게 전해진 것이기 때문이다. 사도는 진리 안에 살면서 그 진리를 전파해야 한다. 이 높은 목적을 달성하기 위해서는 인간적인 방법만으로는 부족하다. 진리는 바로 그리스도이시다. 그러므로 그리스도만이 진리를 말씀하실 수 있고 가르치실 수 있다.

그리스도는 바로 하느님, 곧 성부께로 가는 길이시다. 그리스도를 통하지 않고는 성부께 갈 수 없다. 생명의 원천, 은총도 그리스도에게서만 나온다. 복자 알베리오네는 스승 예수님에 대해서 다음과 같이 말한다.

"스승 예수님은 우리가 반드시 알아야 할 진리이시고, 우리가 하느님께로 가기 위하여 반드시 통해야 할 길이시며, 행복하기 위하여 반드시 내 안에 계셔야 할 생명이십니다. 종교와 교회, 도덕, 윤리, 전례, 이 모든 것이 스승 예수님을 나타내기 위해 있습니다. 이 계시 안에 완전한 예수 그리스도께서 존재하시며, 예수 그리스도는 이 길을 통해서 인간을 정복하실 것입니다. 사제, 평신도, 수도자들은 예수 그리스도의 완전하고 충만한 단계에 이르기까지 성장해야 합니다. '내가 사는 것이 아니라 내 안에 그리스도께서 사신다.' 라는 단계까지 이르러야 합니다. 이렇게 됨으로써만 모든 신심들이 하느님이시며 인간이신 예수 그리스도께로 모아집니다."

"우리는 그리스도화됨으로써 비로소 '구유 안에 누워 있는 아기 예수님을, 나자렛의 목수를, 공생활 동안에 기적을 베푸신 분을, 치유자를, 십자가에 달리셨고 감실 안에 성체로 계신 구원자 그리스도를' 인류에 대한 무한한 사랑의 존재로 볼 수 있습니다. 더욱이 이 진리의 말씀은 자신과 다른 이들을 위해 봉사하게 해주고 음식이 되어 줍니다."

"우리는 그리스도의 제자로서 겸손하고 부지런해야 사람들의 스승이 될 수 있습니다. 야생 올리브 나무가 그리스도께 접목되어 생명의 올리브 나무가 되는 것처럼 우리도 그리스도와 일치해야 하고, 이 일치가 다른 이들에게까지 이어지도록 해야 합니다."

"하느님께 대한 완전한 사랑을 가질 수 있도록, 먼저 그리스도 안에 완전한 인간 - 지능, 의지, 마음, 육체적인 힘을 온전히 갖춘 인간 - 이 되어야 할 것입니다. 또 모든 것, 즉 자연적인 생명과 은총과 성소 등이 모두 사도직에 이용되도록 신심, 공부, 사도직, 청빈이라는 네 바퀴 위에 우리의 삶을 세워야 합니다."

"그리스도 안에 뿌리를 깊이 두면 둘수록 더욱 깊은 영성생활을 누릴 수 있다는 것은 기정 사실입니다."

"길, 진리, 생명이신 스승 예수님께 매일매일 더욱 깊은 믿음을 가져야 합니다. 그분 안에 참으로 더 큰 은총과 위안이 있습니다. 그분 안에 머물러야 성인이 되기도 쉽고, 사도직을 수행하는 것도 더 큰 효과를 내게 됩니다."

복자 알베리오네는 스승 예수께 끊임없이 기도했다.

"스승 예수님, 당신을 알고 저를 알도록 당신의 빛을 비추소서. 당신의 지혜는 무한합니다. 당신은 우리의 눈과 지성과 믿음이 빛이라 하셨으니 하늘에서 당신을 영원히 뵈올 수 있도록 영광의 빛을 더해 주십시오.
스승 예수님, 당신만이 제 안에 계십니다.
스승 예수님, 모든 것은 당신의 것이오니 당신만을 나타내 주십시오.
스승 예수님, 저는 당신의 쓸데없는 종입니다. 약한 종에 지나지 않습니다.
스승 예수님, 당신께는 영광을, 제게는 멸시를 돌려주십시오.
스승 예수님, 저에게 고행을 사랑할 마음을 주십시오. 당신 수난의 고통을 나누어 주십시오. 저의 모든 죄를 보속하기에 충분한 고통을 주십시오.
스승 예수님, 뿌려 놓은 씨앗이 자라는 데 필요한 고통을 주십시오. 영적 자녀들을 구원해 주십시오.
스승 예수님, 저는 무無일 뿐이오니 추수 때 모두 거두어 주십시오."

### 하느님의 선물

복자 알베리오네는 사도 바오로를 당신의 보호자요, 스승이요, 모범으로 삼았다. 바오로 사도가 특은을 받았듯이 복자 알베리오네도 필요한 은총을 받았다.

바오로 사도는 제3하늘까지 올라갔던 특은을 암시했는데, 복자 알베리오네도 "하느님의 은총을 받아들이지 않을 수 없었다."라는 말을 했다. 바오로 사도가 주님을 만나 대화한 사실을 이야기했듯이, 복자 알베리오네도 자신의 생애에 일어난 일을 숨기지 않고 이야기했다.

"나는 주님을 뵈었습니다."

교회와 사람들에 대한 사랑 때문에 받아야 할 많은 고통을 견뎌낼 수 있도록 하기 위해 그리스도께서 당신의 종 알베리오네에게 말씀해 주신 것이다.

"여기에서 빛을 비추겠노라."

그는 또 성모님도 뵈었다. 제2차 바티칸 공의회가 끝날 즈음에 그는 마리아에 대해서 분명하게 이야기했다.

"마리아께서 직접 내게 말씀하셨습니다. '나는 은총의 어머니이다. 모든 이를 위해 은총을 전달해 주는 은총의 중개자이다. 나를 널리 전하라.'"

복자 알베리오네는 이 은총을 소홀히 하게 될까 봐 여간 조심하지 않았다. 그는 더욱 질서 잡힌 생활 안에서 회원들과 힘을 합하여 교회에 봉사하였다. 그를 따르는 자녀들은 그가 받은 은총을 직감하였다. 그는 자녀들에게 하느님께서 그들과 함께 계신다는 것을 상기시켜 그들의 성소에 확신을 주고, 이 성소를 잘 이끌어갈 책임이 각자에게 있음을 스스로 인식하게 해주었다.

하느님께서 사도행전에서 사도들을 통하여 많은 기적을 행하신 것처럼 복자 알베리오네를 통해서도 많은 일을 실현하셨다. 그가 살아 있는 동안에는 감추어져 있던 일들이 그의 사후에 많이 드러났다. 신앙 안에서 사는 사람은 하느님께서 그를 통하여 행하신 일들이 기적임을 안다.

제노바에 있던 어떤 수사가 이런 질문을 했다.
"총장님, 전 이상하게 느낍니다. 총장님은 우리에게 말씀하신 것들이 이미 다 이루어졌다고 하셨는데, 정말입니까?"
"나는 여러분에게 이야기할 때 한번도 나 자신의 것을 말한 적이 없습니다."
이 사실에 대해서는 편지를 통해서도 강조했다.
"내가 여러분에게 부탁하고 맡긴 모든 것은 아무리 작은 일이라 하더라도 인간의 일이 아니라 하느님의 뜻임을 마음속 깊이 간직하십시오."
바오로 가족 회원들이 알고 있는 그에 대한 증언을 다 모아 본다면 형형색색으로 이루어진 모자이크가 될 것이다.

알베리오네가 젊은 사제로서 나르출레의 본당 신부를 돕고 있던 때의 일이다. 그 마을에 병든 젊은 여자가 있었는데 임종을 맞게 되었다. 그 환자는 죽기 전에 알베리오네 신부를 찾았지만, 마침 외출 중이었으므로 만나지 못하고 임종을 했다. 알베리오네가 소식을 듣고 그 집으로 갔을 때는 이미 숨을 거둔 후였다. 그런데도 알베리오네는 여자 곁으로 다가가 물었다.
"왜 나를 불렀습니까? 무엇을 원합니까?"
그러자 죽었던 사람이 눈을 뜨더니 곁에 있던 가족에게 모두 나가 달라고 부탁했다. 은밀한 이야기가 끝난 다음, 알베리오네가 다시 물었다.

"영원한 세계로 가기를 원하십니까? 아니면 이 세상에 더 머물기를 원하십니까?"

그 여자는 고개를 흔들었다.

"나는 영원한 나라로 가고 싶습니다."

그러고는 곧 숨을 거두었다.

나르촐레에 살고 있던 많은 사람들이 이 소문을 듣고 사실 여부를 알고 싶어서 알베리오네에게 물으러 왔다. 그는 그 사람들에게 간단히 대답해 주었다.

"사실입니다. 그 순간 하느님께서 기적을 행하신 것입니다."

1922년에는 이런 일이 있었다. 성바오로딸수도회의 젊은 수녀가 죽었다. 그런데 죽을 때 한 손을 높이 쳐든 것이 그대로 굳어 버려 도저히 입관을 할 수가 없었다. 할 수 없이 알베리오네 신부를 청했다. 그는 죽은 수녀 앞으로 오더니 큰 소리로 말했다.

"안토니에타, 당신은 언제나 순명을 잘했으니 이제 한번 더 순명하십시오. 팔을 내리세요."

그가 죽은 수녀의 팔을 가볍게 만지자 그 팔이 금세 내려졌다.

1926년에 성바오로딸수도회 수녀 하나가 물이 끓고 있던 큰 솥에 한쪽 발을 헛디딘 사고가 있었다. 며칠이 지나자 화상이 악화되어 이 수녀는 다시는 부엌일을 하기 어렵게 되었다. 그러나 알베리오네 신부는 그 수녀에게 다시 부엌일을 하라고 말했다. 그 이튿날 아침에 수녀의 다리는 완쾌되었고, 그날 오후부터 수녀는 부엌일을 다시 할 수 있게 되었다.

또 심하게 앓던 수녀가 갑자기 나은 일도 있다. 알베리오네는 그 수녀에게 이렇게 말했다.

"요즈음 나는 당신을 위해서 밤을 지새며 기도드렸습니다. 당신이 완쾌된 데 대해서 주님께 감사드립시다."

1929년과 1947년 두 차례에 걸쳐 일어난 일이다. 알베리오네는 성합에 있던 얼마 안 되는 성체를 많은 이들에게 영해 주었다. 그 미사에 참례했던 사람들은 성체가 부족하다는 것을 알고 있었다. 그러나 그는 성체를 영하고 싶어하는 이들에게 계속 '고백의 기도'를 바치게 하면서 성체를 분배했다. 모두 영성체를 한 후에도 성체는 남아 있었다.

알베리오네가 어떤 신부에게 로마 수도원의 원장직을 맡아줄 것을 부탁한 일이 있다. 그런데 건강상태가 좋지 못했던 그 신부는 그 부탁을 농담으로 알아들었다.

"총장 신부님, 정신이 이상해지신 것이 아닙니까?"

"나는 정신이상자가 되어도 좋습니다. 그렇지만 당신은 순명하십시오."

정색을 한 알베리오네의 대답이었다. 그리고 서로 바라는 지향대로 미사를 바치자고 했다. 미사가 끝난 후 그의 말은 분명했다.

"우리의 일은 사도의 모후께서 염려해 주실 것입니다."

그 뒤로 그 신부는 임무를 수행하기에 충분한 건강을 누렸다. 허약한 신부가 중책을 해내는 것을 보고 많은 사람들이 놀라서 질문했다. 그러나 그의 대답은 간단했다.

"그분한테 물어 보세요."

복자 알베리오네만이 알고 있는 어떤 비밀이 있었음이 틀림없다.

알바노에서 열린 성바오로수도회 회원들의 피정을 코앞에 둔 때였다. 고열로 몹시 시달리던 한 신부가 이 사실을 알베리오네에게 알렸다.

"열이 38도가 넘습니다. 피정 참석은 무리인 것 같습니다."

"걱정 말고 떠나십시오. 알바노 호수에 가거든, 그 호수에 열을 다 던져 버리고 다시는 그 열을 받지 않게 해 달라고 하십시오."

그대로 하였더니 열이 떨어져서 그는 피정을 잘 할 수 있었다.

이런 일화도 있다. 그 피정을 끝내고 벤티밀리아 교구 사제들의 피정을 지도하러 떠나야 할 신부가 있었다. 그런데 기관지염으로 고열에 시달렸다. 그 신부는 걱정이 되어 알베리오네 신부에게 하소연하였다.

"총장 신부님, 열도 열이지만 목소리가 나오지 않습니다. 어떻게 하면 좋을까요?"

"함께 식당으로 가서 뜨거운 우유나 한 잔 마십시다."

불행하게도 그 신부는 우유가 체질에 맞지 않아 20년 전부터 입에 대지도 못하던 터였다. 알베리오네 신부도 그 사실을 알고 있었지만 식당으로 데리고 가서 우유를 마시게 했다. 그것도 두 잔이나 마시게 했다. 그러고 나서 이야기했다.

"어서 벤티밀리아로 떠나십시오."

그 신부는 거뜬히 병이 나아 피정 지도를 무사히 마칠 수 있었다. 그런데 재미있는 것은 그 신부가 나중에 다시 우유를 마시려 했지만 먹을 수가 없었다고 한다.

성바오로딸수도회의 한 수녀가 병명도 뚜렷하게 알 수 없는 병으로 누워 있었다. 그리고 복자 알베리오네가 방문했다. 다음 날이 마침 성모님 축일이라 대미사가 있을 예정이었는데, 그 수녀는 일어날 수 없어서 안타까워하고 있었다. 더욱이 수녀는 노래를 잘 불렀기 때문에 더욱 애가 탔다.

"노래를 부르고 싶은가요?"

알베리오네 신부의 말에 수녀는 기대가 가득 찬 얼굴로 고개를 끄덕였다.

"그럼 내일은 병이 좀 낫게 되는지 두고 봅시다."

신부는 무심한 말처럼 중얼거리며 다른 병실로 걸음을 옮겼다. 이튿날, 수녀는 열이 떨어져 자리에서 일어날 수 있었다. 아팠다는 것이 거짓말처럼 느껴질 정도로 몸이 가벼웠다. 수녀는 기쁘게 대미사에 참례하여 미사 중에 독창까지 할 수 있었다. 그러나 오후가 되자 다시 열이 올라 자리에 눕게 되었다. 이 사실을 알베리오네에게 알리자, 그는 담담한 어조로 말했다.

"나는 그 수녀를 낫게 해주겠다는 약속을 한 일이 없습니다. 미사 때 노래 부르기를 원하므로 들어 준 것뿐입니다."

기적적인 방법으로 경제적 곤경을 해결한 예를 들어 보기로 하자.

하루는 알베리오네 신부가 한 수녀에게 급하게 돈을 구해 오라는 부탁을 했다. 수녀는 너무나 막연하여 알베리오네에게 물었다.

"어디로 가면 좋겠습니까?"

"어서 떠나십시오. 토리노에 도착하기 전에 필요한 돈을 구하게 될 겁니다."

수녀는 알베리오네의 말대로 트로파렐로에서 필요한 만큼의 돈을 구할 수 있었다.

그로부터 며칠이 지난 어느 날, 알베리오네 신부는 다른 수녀에게 어떤 사람을 찾아가 돈을 받아 오라고 했다. 그 말대로 찾아가자, 알지도 못하는 그 사람은 마루 밑에 숨겨 놓았던 돈 3만 4천 리라를 서슴지 않고 내주었다. 이렇게 하여 아스티 은행의 부도를 막을 수 있었다.

이것뿐만이 아니다. 복자 알베리오네만이 알고 있는 일도 수없이 많다.

수도원에 급한 일이 생겼는데 한 농부가 은행에 저축해 놓았던 돈을 몽땅 찾아 신부에게 줌으로써 위기를 면한 적도 있다. 그런데 이틀 후 그 은행은 파산해 버렸다.

복자 알베리오네의 인품이 주는 영향도 여간 크지 않았다.

유명한 제과회사 사장 페레로는 알베리오네에게 융자해 준 대금을 돌려줄 것을 여러 차례 요구해 왔다. 그러나 알베리오네를 만난 다음에 그의 태도가 일변하였다. 대출금을 돌려받으려던 것도 잊어버린 듯 더 많은 돈을 융자해 주었다.

"나에게 알베리오네 신부와 같은 조력자가 있었다면 공장들이 유럽 곳곳에 더 많이 세워졌을 것이다!"

페레로의 경탄에 찬 말이다.

사고의 위험을 미리 방지해서 큰 피해를 면한 일도 있었다.

성바오로수도회 주방에서 큰 사고가 일어났다. 대형 솥을 들어올리는 도중에 쇠고리 두 개가 끊어진 것이다. 다급해진 주방 수녀들이 으레 그러하듯이 알베리오네에게 달려갔다. 그러나 알베리오네는 계속 들어올리라고 했다. 사실 그렇게 할 수밖에 없는 실정이었다. 그러자 역시 생각했던 대로 마지막으로 걸려 있던 고리가 끊어지면서 수프가 가득 담겨 있던 솥이 그대로 떨어지고 말았다. 그러나 솥만 조금 찌그러졌을 뿐 그 안에서 끓고 있던 수프는 한 방울도 쏟아지지 않아 다친 사람이 아무도 없었다.

성프란치스코수도회가 초창기에 겪었음직한 아름다운 일화도 있다.

어느 날, 복자 알베리오네가 닭장 책임자 수녀를 만났다.
"닭장 사정은 어떻습니까? 닭들이 알을 잘 낳는가요?"
그때는 닭들이 알을 잘 낳지 않는 가을이었으므로 별로 신통치 않다고 대답하자, 알베리오네는 웃지도 않고 말했다.
"그럼 이렇게 해보세요. 닭들을 모아 놓고 훈화를 한번 하세요. '수도원 식구는 자꾸 늘어가는데 알을 잘 낳지 않는다는 것은 좋지 않은 일이다. 알을 더 많이 낳아 주기 바란다.' 라고 꼭 말해 보세요."
그렇게 하겠다고 약속한 수녀는 이튿날 아침에 모이를 주면서 "너희들, 우리 신학자님(복자 알베리오네를 말함) 말씀을 듣지 않으면 좋지 않은 일이 생길 것이다."라고 엄포를 놓았다. 그랬더니 저녁에는 거짓말처럼 닭들이 낳은 달걀이 한 소쿠리나 되었다. 놀람과 기쁨에 찬 수녀가 알베리오네에게 뛰어가 달걀을 보여 주자 그도 기뻐하였다.
"우선 모든 회원들이 먹는 데 충분하겠군요. 자, 가서 주님께 감사드리세요. 이제부터는 걱정하지 맙시다."

미소를 짓지 않을 수 없는 흐뭇한 이야기이다. 신앙의 단순함은 얼마나 아름다운가!

복자 알베리오네의 '여행 모험' 이야기를 모아 보기로 하자.

성바오로수도회의 어느 수사의 이야기이다.
"알바에서 로마로 돌아오는 길에 굉장한 폭우를 만났다. 사막처럼 황량한 들판이 금세 황토물로 뒤덮여 버렸다. 물이 자동차 창문까지 차올랐다. 자동차로 계속 달린다는 것은 무리였다. 마침 곁에 큰 나무가 보였으므로, 그 나무에 올라가는 수밖에 없다고 생각하며 총장 신부님을 바라보았다.
'어떻게 할까요?'
알베리오네 신부님은 잠깐 사이를 두더니 커다랗게 성호를 긋고는 단호하게 말씀하셨다.
'갑시다.'
로마에 무사히 도착한 나도 놀랐지만 그 폭우 속을 뚫고 장거리를 달려온 우리를 보고 놀라지 않은 사람이 없었다."

복자 알베리오네는 경이로운 사실이 있어도 그것을 드러내기를 원치 않았다. 다음 일화는 그가 성바오로딸수도회 초대 총장 테클라 메를로 수녀에게 직접 들려준 것인데, 잘 알려지지 않은 이야기 중 하나이다.

알바의 성바오로 성당 건물이 완공되었는데, 유리창을 끼운 것이 알베리오네의 마음에 들지 않았다. 아무래도 바꾸어야겠다고 생각한 알베리오네는 사람이 없는 밤에 사다리를 놓고 올라가 유리창 두 개를 서로 바꾸어 놓았다. 만족하여 내려오던 그는 발을 헛디뎌 20미터나 되는 높은 곳에서 떨어지고 말았다. 그러나 전혀 다친 데가 없이 무사했다. 그는 태연하게 말했다.
"성모님께 기도했을 뿐입니다."

복자 알베리오네는 과묵한 편이었다. 그리고 자신에 대해 이야기할 때는 언제나 별일 아닌 것처럼 농담 삼아 이야기해 버렸다. 그러나 그는 사리분별에 뛰어나고 특별한 예지의 은총이 넘치는 사람이었다.

어떤 신부가 갑자기 세상을 떠난 부친이 영원한 생명을 얻지 못했을까 봐 걱정하였다. 그러자 복자 알베리오네가 확신에 찬 어조로 말했다.
"염려하지 마세요. 아버님은 구원되셨습니다."

건강이 아주 좋은 어떤 사람에게 말했다.
"주님이 부르실지 모릅니다. 잘 준비합시다."
그는 아리차 피정센터에서 피정 중이었는데 그날 밤 갑자기 죽었다.

복자 알베리오네는 이 밖에도 주위 사람들의 죽음이 가까이 다가왔음을 알려 주는 일이 많았다. 어느 군종 신부에게 "장군이 당신을 부르십니다!"라고 말한 일이 있는데, 그 군종 신부는 사실 천국으로 부름받았다.

고해소에서도 이런 표현을 잘했다.

"죽을 준비를 잘 하십시오!"

그러나 이 말씀은 열심한 신앙생활을 하자는 그의 독특한 표현이었다.

복자 알베리오네의 또 다른 특징은 놀라울 정도로 말이 정확하다는 것이다. 어떤 젊은 수사에게 그가 이렇게 말했다.

"알바 수도원으로 돌아가서 천국에 갈 준비를 하십시오."

수사는 이런 말을 들은 후에도 1년을 무사히 지냈다. 독감에도 걸렸으나 완쾌되어 안심할 즈음 장티푸스에 걸려 결국은 세상을 떠났다. 33세의 젊은 나이였다. 그의 죽음은 "주님이 당신을 기다린다."라고 말한 알베리오네의 정확성을 잘 증명해 준다.

이러한 온갖 기적적인 사실에 대해서 복자 알베리오네는 겸손했다. 거룩하게 살 때 하느님 안에서 모든 것이 가능해지지만, 그것은 어디까지나 하느님의 은혜이므로 누구도 자랑해서는 안 되기 때문이다.

복자 알베리오네가 주님과 얼마나 친밀했는지는 그의 기록을 보면 잘 알 수 있다. 숨김 없이 기록해 놓은 이 공책에서 우리는 그가 얼마나 큰 은총 안에서 살았는가를 볼 수 있다.

"주님은 내가 인간적으로는 도저히 하고 싶지 않은 것도 하도록 강요하신 적이 많다."

"나는 이 땅을(본원 건물을 건축한 알바의 대지를 말한다) 매입했을 때, 이렇듯 초원이 넓고 과일나무가 울창한 곳이야말로 우리 젊은이들을 위해 가장 좋은 장소임을 느꼈다. 거액을 지출해야 했지만 그

것이 하느님의 뜻임을 믿었다.

그 즈음의 어느 날, 나는 꿈을 꾸었다. 우리는 열심히 집을 지었고, 건물이 완공될 때까지 태양이 찬란히 빛나고 있었다. 그러나 어느 사이엔가 태양이 빛을 잃고 주변이 어두워졌다. 그것은 성소를 저버리고 나가는 젊은이들 때문에 주님께서 당하시는 고통이 얼마나 큰가를 보여 주는 것이었다."

"마드리드의 성모성심 성당에서 미사를 드릴 때 나는 생생히 느꼈다. 주님께서는 미사의 주인으로서 성부께 당신의 몸과 피를 바치시고 성부께서는 그 사랑의 제물을 그대로 받아들이심을, 사제는 주님의 도구로서 입과 손과 거룩한 행동으로 주님을 대신하는 임무를 수행한다는 것을 아주 실감나게 느꼈다."

"예수님은 세상의 구원을 위하여 제대 위에서 끊임없이 자신을 바치시는 영원한 희생자이시다."

"1946년 12월, 나의 위로자이신 주님께서 확고한 방향을 제시해 주셨다. 하늘나라에 갔으나 천사들과 성인들은 나를 맞아들여 주지 않았다. 죄로 더러워진 나를 피한 것이다. 그때에 자비로 충만하신 성모님이 다가오셨다. 성모님의 충만한 은총이 나를 뒤덮어 내가 얼마나 그분의 사랑을 받는 존재인가를 보여 주셨다. 거룩하신 주님의 구원의 성혈이 내 위로 흘러넘쳤다."

"성모님은 당신을 위하여 일하는 사람에게는 사도적 정신, 공부, 청빈 정신을 풍부히 내려 주겠노라고 말씀하셨다."

### 꽃송이를 꺾으면서

"그들은 예수 그리스도 안에서 사는 분들이다."

복자 자카르도는 성인들을 이렇게 표현했다. 또 그랑매종 신부는, 하느님은 성인들이 이 세상에 살아 있을 때보다는 세상을 떠난 후에 그분들에 대해서 더 많은 것을 알게 해주신다고 했다. 특히 그들이 살아 있는 동안에 함께 살던 사람들은 알지도 못하고 느끼지도 못한 것을 죽은 후에야 느끼게 된다고 했다.

인간적인 안목에서 볼 때, 복자 알베리오네에게는 특별한 것이 없었다. 그는 뛰어난 인물이 되기를 바라지 않았다. 소박하고 솔직하고 개방적인 사람이었다. 그의 필체에서도 그의 성격이 잘 드러난다. 꾸밈이라곤 없는 직선적인 그의 문장은 간결하고 단순했다. 그러므로 읽는 이들에게 더 깊은 감동을 주었다.

### 분명한 의무감

성인은 특별한 사람이라고 생각하는 우리의 사고방식을 고치기 위해 복자 알베리오네의 비밀 메모장을 보기로 하자.

1. 예수님, 리노타이프를 어떻게 이용하기를 원하십니까?
2. 예수님, 서원書院을 어떻게 운영하기를 원하십니까?
3. 예수님, 1층 문제는 어떻게 하는 것이 좋겠습니까?
4. 예수님, 스승 예수 제자 수녀회 문제는 어떻게 하기를 원하십니까?
5. 예수님, 창문 장식은 어떻게 하는 것이 좋겠습니까?

그는 모든 것을 주님께 맡기고 그분의 뜻대로만 하려고 했다. 어떤 일이라도 주님과 함께 궁리하고 기도했다. 어떤 작은 일도 인간의 욕심이나 이기주의에서 나오는 것이 아니라 하느님의 뜻임을 알게 해주시기를 기도했다.

"이것이 정말 필요합니까? 나는 지금 올바른 지향으로 하고 있습니까? 내가 죽는 순간에도 이것을 계속할 것입니까?"

이러한 생각은 그를 무한히 자유롭게 했다.

"나는 죄를 피하는 것만으로 만족하지 않습니다. 신앙과 덕행 실천과 기도에 더욱 전념해야 합니다. 최선을 다하여 주어진 모든 것을 이용하면서 앞으로 나아가도록……. 매순간 최선을 다하여 선을 행해야 합니다."

이것이야말로 자기 해방, 자유, 승리, 평화, 기쁨을 얻는 방법이었다.

### 자기 반성

복자 알베리오네는 하느님께 받은 모든 은총을 늘 하느님의 빛에 비추어 반성하였다.

"성부께서 원하시는 구원의 신비를 알려 주심에 대해서, 복음과 교리를 전해 주심에 대해서 감사드립니다. 모든 이에게 당신의 부富를 널리 알리고 전하도록 저를 사도직에 불러 주셨으니 당신을 찬미하나이다. 제가 행하지 못한 무수한 선행에 대해서 용서를 비나이다. 당신의 성심께 매달립니다. 주님과 어머니 마리아가 아닌 누구에게 매달릴 수 있겠습니까? 제게는 아무 것도 없습니다. 당신만이 저의 전부이시며, 저의 모든 희망이십니다. 좀더 깊이 연구하였더라면……. 성 바오로 사도, 성 알퐁소, 성 프란치스코와 같이 신앙을 좀더 깊이 깨달았더라면! 당신의 도움으로 내게 더 깊은 신앙이 있기를…….

하느님의 영광과 사람들을 위하여 좀더 열의가 있다면 얼마나 좋겠습니까? 하느님의 영광을 위하여, 그리고 형제들이 영원한 생명을 얻게 하기 위하여 필요한 것은 무한합니다. 그런데 저는 얼마나 냉정한지……. 좀더 겸손하고, 자신을 덜 생각하고, 강론을 준비하는 데 좀더 근면하고, 좀더 열심히 기도드리고, 서적에 대해서 좀더 주의 깊다면…….

저는 사도직에 대해 아직도 기도가 부족하고, 지나치게 활동에 치우쳐 있으며, 자신을 과신하고 위험을 두려워하지 않습니다. 결점을 고칠 사람은 다른 형제가 아니라 저 자신일 때가 더 많았습니다. 때로는 너무나 마음이 약했는가 하면 어떤 때는 너무나 포악스러웠습니다. 좀더 단순하고 덜 교활하게 해주십시오. 계획만을 세우기보다는 더 많이 사람들을 생각하게 해주십시오.

저의 성소에 대해서는 의심이 없습니다만, 제가 해야 할 것에 대해 잘 대답해 드리지 못했습니다. 주님께서 원하시는 것을 실천하지 못했습니다. 저의 의무는 주님의 뜻을 더 잘 알아듣는 것입니다. 그런데 당신의 자녀들에게 당신의 뜻을 잘못 전달할 때가 있었습니다.

저는 모든 이에게 빚진 사람입니다. 그러므로 자주 이렇게 반성해야 합니다.

기도의 빚을 갚았는가?
모범의 빚을 갚았는가?
가르침의 빚을 갚았는가?
보살핌의 빚을 갚았는가?
교정의 빚을 갚았는가?
고통의 빚을 갚았는가?"

단호함과 유순함이 잘 조화된 현실적인 사랑으로 자신의 의무를 이행하는 그의 모습이 마음을 편안하게 해준다. 자신에 대한 반성은 삶 전체를, 깊은 곳에 이르기까지 구석구석 변화시켜 나가는 강한 것이었다.

"여러분은 본성을 변형시켜 새 사람이 되기까지 초자연화해야 합니다. 우리의 지향에 대해 반성해 봅시다. 무엇을 하려고 할 때는 왜 하려고 하는지 물어야 합니다. 왜 외출하려고 합니까? 왜 그런 대화를 했습니까? 왜 그 사람을 택했습니까? 하느님을 좀더 기쁘게 해드리기 위해서입니까, 아니면 자신에게 더 좋기 때문입니까?

평소 우리의 대화와 비판을 놓고도 반성해 봅시다. 왜 그 친구, 그 형제, 그런 일, 그런 강론에 대해 비판을 합니까? 왜 격려하거나 방해합니까? 하느님의 영광을 위해서입니까, 아니면 자신의 취미나 명예, 뛰어난 자질을 드러내기 위함입니까?

마음의 상태에 대해서도 반성해 봅시다. 왜 나는 초조해합니까? 자신에 대한 비판, 성공하지 못함, 어려움이 하느님의 영광을 방해하기 때문입니까? 자애심이 자신의 마음을 상하게 했기 때문입니까? 오늘은 왜 기분이 좋습니까? 인간적으로만 만족합니까? 하느님의 영광을 위하여 유익한 것입니까? 나는 죽었습니까, 아니면 제 의만을 입었을 뿐 여전히 살아 있습니까? 나의 의지와 자세, 판단은 정의로워야 합니다. 순수하게 인간적이란 것은 있을 수 없습니다. 때문에 모든 것을 초자연화해야 합니다.

'그리스도께서 내 안에 사시기를!'"

복자 알베리오네는 끊임없이 자기 반성을 해 나갔다. 성인들이 그

랬던 것처럼 자신의 무력함과 부족함을 인정해야 할 때에도 실망하지 않았다. 오히려 그의 신뢰심은 더욱 커졌다.

### 죽음에 대해서

성모 마리아와 성 요셉, 성 바오로를 통하여 그리스도께 모든 것을 맡긴 알베리오네는 죽음도 주님의 자비를 떠나서는 생각할 수 없었다.

"거룩한 마지막 순간이여!"라는 그의 표현에는 죽음에 대한 갈망이 잘 드러나 있다. 죽음은 희망의 찬가이고, 현세를 떠나 영원으로 돌아가는 기쁨의 표현이었다.

"죽음을 통해 제 존재의 더러움까지 당신께 바칩니다. 어머니 마리아님, 이 죄인이 죽음을 잘 준비하여 죽을 때에는 보속과 사랑과 신뢰로 가득 차 있도록 빌어 주소서."

알베리오네에게 저 세상은 바로 천국을 의미했다. 그러므로 그는 확고한 믿음을 가지고 늘 준비하는 자세로 이 세상을 살았다.

"지성, 마음, 의지, 육신⋯⋯. 이 모두를 가지고 천국에 갈 수 있도록⋯⋯. 내가 천국에서 행해야 될 의무를 미리 실천하도록, 즉 좀 더 효과적이고 신속한 선을 위한 수단, 영화, 출판, 라디오, 텔레비전을 잘 사용할 수 있도록 보호와 도움을 주시도록 기도드립니다."

소화 데레사가 그랬듯이 복자 알베리오네 역시 천국에 가서도 그의 사명을 계속하기를 원했다.

"우리는 언제나 주님과 함께 있어야 합니다."

그렇게 되기 위해서는 지금부터 그리스도를 통하여, 그리스도와 함께, 그리스도 안에서 자신의 영광을 찾지 않고, 그리스도를 사랑하고 그 사랑을 실천함으로써 천국을 예비해야 한다. 이것이 바로 완덕이다. 그런데 완덕은 미사를 통하지 않고는 이루어지지 않는다. 천국의 문을 다시 열어 준 것은 예수님의 희생이다. 미사는 바로 이 희생을 온 우주 안에 재현해 준다. 알베리오네는 이 점을 잘 알고 있었다.

"지극히 거룩하신 삼위일체 하느님, 천국과 연옥, 교회와 온 창조물을 드림으로써 당신께 영광을 바치나이다. 찬미와 감사와 보속과 탄원의 마음으로 제가 바쳐 드릴 미사와 또 다른 모든 이가 바칠 미사까지 모두 당신께 바칩니다."

복자 알베리오네가 무엇보다 먼저 하느님의 뜻을 찾고, 겸손한 생활과 기도와 타인들을 통하여 드러나는 하느님의 뜻을 그대로 실천할 수 있었던 것은 이렇게 열정적인 내적 생활에서 우러나온 것이었다.

"나는 조금이라도 더 하느님의 뜻을 실천할 수 있도록 언제나 노력하고 있습니다."

"주님께서 무엇을 원하시는지 더 잘 알아듣도록 도와주십시오."

그는 80세 때 자신의 업적에 대해서 이렇게 말했다.

"내가 한 것이 아닙니다. 나는 쓸모없는 종이었으며, 하느님께서 당신이 원하시는 것을 실현하셨을 뿐입니다."

복자 알베리오네의 이러한 겸손이 바로 그를 위대한 사람으로 만든 비결이었다. 그는 자신이 시작한 모든 활동의 분야가 넓어질수록 '성모의 노래'를 부르며 모든 것을 하느님의 은총으로 여겼다. 그는 천국을 즐겨 묵상했다. 그의 마음은 하느님께 대한 찬미와 영광과 사랑을 끊임없이 노래할 천국을 그리며 기쁨으로 충만하였다.

### 내적 고행의 단계

우리에게는 이 세상에서 자신을 정복하고 정화할 소중한 기회가 주어져 있다. 이 기회를 잘 이용해야 함을 알고 있던 복자 알베리오네는 늘 희망과 열정과 겸손을 신조로 삼았다. 그는 무엇보다도 자신의 무능을 인정하고 하느님의 은총에 의지할 때 하느님의 사업이 완성된다는 것을 굳게 믿었다. 무능과 완전이라는 대비 속에서 이 뛰어난 사람은 영적 생활로 전진해 나갔다. 그의 겸손은 '나는 하느님의 기적'이라고 확신에 차서 말할 수 있게 해주었다.

"무한하신 하느님의 자비가 나를 사제가 되게 해주셨습니다. 하느님의 은총 때문에 지금의 내가 된 것입니다. 성령께서 열두 사도를 변화시키신 것처럼, 사제 수품으로 나는 새 사람이 되어 지상에 하느님께서 현존하시도록 할 수 있게 되었습니다."

내적 생활의 깊이를 더 잘 보여 주는 다음의 기록을 보자.

"주님, 당신 자비의 기적은 새 생명을 주셨고, 당신의 영광은 당신의 자비에 의탁하는 겸손한 자들을 용서해 주심에서 드러납니다. 은총이 더욱 불어나 제가 받은 은총이 저를 성화시키고 동시에 다른 사람들에게도 선을 줄 수 있게 해주십시오. 가장 큰 죄인을 가장 큰 성인으로, 가장 훌륭한 사도로 변화시켜 주십시오."

### 죄의식에 대해서

복자 알베리오네의 죄의식은 인간 본성에 깊이 뿌리 박혀 있는 나약함에 대한 것이다.

"주님께서 죄를 미워하시듯이 우리도 죄를 미워합시다. 하얀 벽을

죄로 더럽히지 말아야 합니다."

바오로 가족은 기도의 시작과 끝에 "모든 죄악에서, 주님, 저희를 구하소서."라는 화살기도를 바친다. 복자 알베리오네의 권고에 따른 것이다. 알베리오네는 죄를 지으면 꼭 그 죄를 보속하게 했다. 고통을 잘 받아들이는 것도 좋은 속죄행위가 됨을 가르쳤다.

"과묵해지고 자신을 너무 드러내지 마십시오. 모든 것을 예수님과 함께 성부께만 기쁘게 바쳐 드리십시오."

복자 알베리오네는 이렇게 가르치면서 고통을 잘 받아들임으로써 보속을 하라고 당부했다.

"…… 보상하고 속죄함으로써 다시 새 사람이 되십시오. 그리하여 자식이 아버지의 허물을 이어받지 않도록, 아버지는 자식의 잘못을 책임지지 않도록 하십시오."

보상이란 고통과 죽음까지도 기꺼이 받아들이는 것이다. 그러나 이것은 자아를 완전히 죽일 때에만 가능하다. 복자 알베리오네가 기도하며 끊임없이 실천해 나간 완전한 이탈이 우리 모두에게 필요한 것이다.

### 기도

복자 알베리오네가 쓴 글들 중 많은 부분이 기도에 대한 것이다. 그는 잊을 수 없는 은사인 영성지도자 키에사 신부에게서 전해 받은 '모든 것을 기도화하라'는 정신에 충실하였다.

"언제나 '주님, 저희에게 기도하는 법을 가르쳐 주십시오.'라는 간구를 되풀이하십시오."

"마음과 정신과 의지와 말과 행동으로 기도하십시오. 예수님처럼 기도할 줄 아십니까?"

"주 예수님, 제가 만약 당신께 합당하지 못한 말을 하였다면 보속하게 해주십시오. 저는 잘못한 것이 무엇인지 알지 못합니다. 당신은 제 모든 것을 보시고 또 아십니다. 저의 보속자가 되어 주십시오."

"저는 저의 전 생명, 사제직, 특별한 사명을 깊이 알기 위하여 여기 당신의 제대 앞에 와 있습니다."

"지극히 선하신 주님, 저의 고집과 매일매일 되풀이되는 무관심 앞에서도 당신은 저를 이기셨습니다. 사울을 이기신 것처럼……. 저는 언제나 당신만을 위하여 저의 모든 것을 드립니다."

"오, 스승 예수님. 저를 용서해 주십시오. 침묵하지 마십시오. 제게 말씀해 주시고 빛을 주시기 위하여 저를 이 고요 속으로 부르셨음을 압니다."

"이 불효한 아들, 능력 없는 사제, 당신께서 원하시고 시작하신 것을 실현하지 못한 불쌍한 아들을 받아들여 주십시오.

당신께서 제게 주신 마음, 시간, 힘, 만나는 사람, 건강, 좋은 자질을 제가 낭비하였습니다. 저의 모든 재능을 다시 새롭게 해주십시오. 저에게는 당신께서 바라시는 덕행, 신앙, 기도, 정신, 하느님의 영광과 사람들을 구하기 위한 열정이 부족합니다. 제 안에 이 모든 은총을 새롭게 해주십시오. 당신께서 원하시는 대로 저를 새롭게 해주십시오. 제 안의 모든 것을 당신께서 원하시는 대로 하십시오."

"스승 예수님의 성심께 저를 맡깁니다."

"성모 성심께 저를 맡깁니다."

성모님의 협력으로 세상에 오신 그리스도로 말미암아 "내가 사는 것이 아니라 그리스도께서 내 안에 사시는 것입니다."라고 말할 수 있는 것, 이것이 바로 그리스도인의 삶의 절정에 이른 것이라 할 수 있다.

## 그리스도께서 내 안에 사신다

바오로 사도 영성의 기초인 그리스도와 함께, 그리스도 안에서, 그리스도를 따라야 한다는 것이 또한 복자 알베리오네의 영성이다.

"극기와 겸손과 가난으로 예수 그리스도를 닮아야 합니다."
"그리스도를 통하여, 그리스도와 함께, 그리스도 안에서 모든 것을 하느님의 영광을 위하여 성부께 바쳐 드리십시오. 내 안에 계시는 예수 그리스도는 찬미자, 구원자, 성화자이십니다."
"나는 그리스도께 동화되었습니다. 그리스도의 관심은 나의 관심이며, 그분의 뜻은 나의 뜻입니다. 그리고 나의 말은 그분의 말씀이며, 나의 생명은 그분의 생명입니다. 나는 그리스도의 일을 수행하고, 그리스도께서는 내 안에서 작용하십니다."

이렇게 그리스도께 동화同和됨으로써 복자 알베리오네는 겸손을 통하여 "성부님, 저를 보지 마시고 제 안에 계시는 독생 성자 구세주만을 보십시오."라고 말할 수 있었다.

살아 계신 성체성사 안의 그리스도께서 그에게 말씀하시는 것이었다.

### 성체 안의 예수

복자 알베리오네에게 사도직의 원천이며 중심은 성체성사였다. 그의 사도직을 설명할 수 있는 유일한 원천은 바로 여기에 있다.

"당신의 모든 것은 성체성사에 기인합니다."

고난을 겪고 있을 때에 복자 알베리오네는 꿈 이야기를 했다.

"스승 예수께서 내게 말씀하셨다. '두려워하지 마라. 내가 너희와 함께 있겠노라. 여기서 비추겠노라. 죄를 뉘우쳐라.' 이렇게 말씀하시는 스승께서 감실에서부터 빛을 비추어 주셨다."

그러므로 복자 알베리오네가 설립한 바오로 가족의 모든 성당에서는 성체 방문이 끊임없이 이어지고 있다. 또 스승 예수 제자 수녀회는 하루에 2시간 이상 성체 방문을 하도록 정해져 있다. 알베리오네는 "주님께서 집을 짓지 않으신다면 그들의 모든 수고는 헛된 것"이라는 시편 말씀을 자신의 삶 안에 받아들였다.

복자 알베리오네는 적어도 하루에 2시간 이상 감실 앞에서 성체 방문을 함으로써 모든 이에게 모범을 보여 주었다.

"바오로 가족은 감실에서 태어났습니다. 여러분은 성체와 성혈로부터 낳음을 받은 것입니다. 그러므로 여러분은 자신이 태어난 원천에 충실할 때 은총과 생명을 지닐 수 있습니다."

### 하느님의 어머니이시며 모후이신 마리아

복자 알베리오네의 성모 마리아에 대한 신학은 여간 심오하지 않다. 그는 마리아 안에서 스승, 사도, 사도들의 모범, 어머니 되심을 보았다. 그러므로 마리아에게서 많은 도움을 받는 것을 소홀히 하지 않았다. 특히 마리아를 통하여 그리스도께 갈 수 있고, 그리스도의 삶을 쉽게 따를 수 있음을 깊이 인식하였다.

마리아는 가브리엘 천사를 통하여 두 가지 사명을 받았다. 하느님의 어머니가 되시는 일과 교회의 어머니가 되시는 일이었다. 마리아를 제외한 어느 누구도 교만한 이 세상에 그리스도를 줄 수 없었다. 마리아는 예수 그리스도를 통하여 이 세상에 은총을 주시며, 이 세상이 끝날 때까지 은총을 내려 주실 것이다.

세상은 길·진리·생명이신 예수 그리스도를 필요로 한다. 마리아는 우리의 사도직을 통하여 그리스도를 세상에 주신다. 마리아는 사도들 안에서 그리스도를 느끼게 해주시고, 사도들을 그리스도화해 주시고, 사도들을 도우시어 하늘에서 백 배의 상급을 받게 해주신다.

성모 마리아께 대한 알베리오네 신부의 사랑은 그의 어머니에게서 받아 심화된 것이라고 할 수 있다.

"나는 묵주기도 없이는 권고의 말 한 마디도 할 수 없는 무력한 사람입니다."

"성모 마리아를 사랑하는 사람은 틀림없이 구원될 것입니다. 성모 마리아를 사랑하면 할수록 큰 성인이 될 것입니다."

알베리오네는 마리아 신심과 마리아의 기도정신을 널리 전하는 데 힘썼다. 「하느님의 어머니」(La Madre di Dio)란 잡지도 그 방법의 하나였다. 그는 마리아께 깊이 의탁하는 것을 습관화하였다. 그것은 그가 끊임없이 바친 묵주기도에서 잘 드러난다. 그는 여행하면서 묵주기도를 바치는 것을 즐겼다. 묵주기도를 바치면서 여러 곳을 방문하며 자녀들을 만났다. 묵주기도는 그가 임종할 때까지 한순간도 쉬지 않고 계속 바친 기도였다.

복자 알베리오네는 동정 마리아의 보호에 모든 것을 맡겼다.

"중대한 일을 할 때마다 성모 마리아와 함께 시작합시다. 마리아께서는 어머니로서 우리를 도와주십니다."

"마리아께 모든 것을 맡깁시다. 잘못을 용서받고 구원을 얻기 위하여, 우리의 성화를 위하여, 성소를 위하여, 모든 일을 마리아께 맡깁시다."

"주님께서는 마리아를 경리자로, 관리자로, 배달자로 정하셨습니다. 마리아는 주고 싶은 사람에게 하느님의 은총을, 예수 그리스도의 덕을, 성령의 은총을 원할 때 원하는 만큼 나누어 주십니다."

이런 사람들이 마리아의 도움을 받습니다. 마리아는 어린 시절부터 마리아께 대한 공경심을 길러 온 사람들을 더욱 사랑하십니다.

- 마리아는 영혼과 육신에 필요한 모든 것을 보살펴 주십니다.
- 마리아는 우리를 성화의 길로 확실하게 인도해 주실 것입니다.
- 마리아는 모든 위험에서 우리를 구하시고 보호해 주십니다.
- 마리아는 당신 아들 곁에서 우리를 위하여 끊임없이 전구해 주십니다.
- 마리아는 덕행을 실천하기 위한 인내를 얻게 해주십니다.
- 마리아는 영원한 행복의 보증인이십니다.

"나는 나의 희망이신 지극히 거룩하신 마리아를 통하여 하느님의 자비로 구원되리라 믿습니다."

성모승천 교의가 선포된 후, 복자 알베리오네는 의미심장한 꿈을 꾸었다. 바로 성모님을 만난 것이다. 그는 성모님께 여러 가지를 물었다. 성바오로 가족이 그분에게 어떻게 존경의 표시를 해야 하는

지, 지금 이 시대에 성모님께서 그리스도인들에게 원하시는 것이 무엇인지 등을 물었다. 마리아님은 은총의 충만한 표시인 찬란한 빛에 휩싸여 계시며 말씀하셨다.

"나는 은총이 충만한 하느님의 어머니이다."

이 말씀은 마리아께서 가련한 인류가 현재 필요로 하는 것을 주시는 천상 '은총의 중개자'이심을 나타내 준다. 원죄 없으신 성모 마리아는 우리에게 정덕을 지킬 수 있는 용기와 은총을 내려 주신다.

### 정결

복자 알베리오네는 그 모습과 태도에서 정결함을 풍긴다. 끊임없이 하느님과 일치하는 생활을 한 데서 오는 단순성, 미소, 단정한 자세는 수도생활을 원하는 이들을 더 가까이 이끌어 준다.

정결에 대해서 복자 알베리오네는 이렇게 말하였다.

"깨어 기도하십시오. 깨어 기도하지 않으면 우리의 수도생활은 아무 성과도 얻지 못할 것입니다."

우리 편에서 해야 할 것은 최선을 다하는 것뿐이다. 나머지는 주님께서 은총으로 채워 주실 것이다. 정결은 알베리오네의 삶에서 전체적으로 드러나고 있다. 생각에서부터 대화, 행동, 마음과 의지에 이르기까지…….

"인간적인 것, 세상의 것, 지각할 수 있는 것, 감정적인 것은 희생의 제물로 바쳤습니다. 마음과 감각을 초자연화시켜야 합니다. 우리는 하느님께로부터 왔다가 하느님께로 돌아가야 하기 때문입니다."

이렇게 함으로써 인간은 자신의 모든 것을 활용하여 하느님의 부富를 더욱 풍요하게 할 수 있다. 하느님은 마음이 깨끗한 자에게 천국을 약속하셨다.

"하느님과 정결한 사람 사이에는 타인이 이해할 수 없는 친밀한 대화가 이루어집니다. 주님께서는 성부의 영광을 위하여, 하느님의 사업을 성취하기 위하여 정결한 사람들을 이용하십니다."

"다른 모든 덕은 정덕을 수반해야 합니다. 겸손한 이들만이 정결을 보존할 수 있습니다."

### 하느님의 영광을 위하여

복자 알베리오네는 모든 생각과 활동을 성덕이라는 목표를 향해서 행하였다. 그러나 목적은 성덕 자체가 아니라 좀더 고귀한 것이었다.

"하느님께 대한 완전한 사랑은 매사에 일차적이며 완전한 목적을, 즉 그리스도화를 통하여 하느님의 영광만을 찾게 해준다."

성덕에 대해 좀더 구체적으로 말해 보자.

"성덕은 모든 생각과 행동의 목적을 하느님의 영광을 찾는 데에만 둔다."

이와 같이 모든 지향이 완전히 정화될 때, 함께 있는 사람들까지 하느님을 느끼게 해준다.

"하느님의 사랑으로부터 모든 것을 배워야 합니다. 어떤 사람이 하느님의 사람인지 아닌지는 그 사람의 생각하는 방법, 단순성, 기도생활, 공부, 풍기는 기품을 통하여 알 수 있습니다. 하느님의 사람은 인간의 한계를 넘어 초자연적인 힘을 가지고 있음을 느낄 수 있습니다. 세상에 대해서는 죽고 그리스도 안에서 새 생명으로 부활하기 때문입니다."

### 성덕에 대한 영성

주님은 성인들을 통해 우리를 인도해 주신다. 성인들이 먼저 걸어가며 남긴 성덕의 빛이 우리의 나그네 길을 비춰 준다.

"그리스도를 충실히 따른 사람들을 생각할 때 천국에 대한 갈망은 더 강렬하게 일어난다. 그리고 그들은 변화무쌍하고 허무한 세상에서 각자의 신분과 환경에 따라 성덕에 도달할 수 있는 확실한 길을 우리에게 가르쳐 준다."

성인들이 세상에 사는 동안에 시작한 사명은 죽음으로써 완성되고 완전해진다. 이 거룩한 영혼들이 세상에 사는 동안 신앙 안에서 누린 하느님을 현실로 보게 되는 것이다.

복자 알베리오네도 이 세상을 떠난 후에 하느님 사람으로서 더 널리 알려졌다. 교회 안에서 그가 수행한 사명도 하느님의 위대한 은총으로 나타나기 시작했다. 진정으로 그리스도화된 사람의 삶은 그렇지 못한 사람의 삶과 아주 다르다. 하느님이 그분을 통하여 당신의 현존과 영상을 나타내 주시기 때문이다. 하느님은 성인을 통하여 당신의 왕국을 우리에게 보여 주신다.

교황 요한 23세와 바오로 6세가 복자 알베리오네에 대해 한 말을 다시 들어보자.

"알베리오네 신부님, 잘 오셨습니다. 겸손의 훌륭한 표양을 볼 수 있게 해주시니 감사합니다. 알베리오네 신부는 위대한 분이십니다!"(교황 요한 23세).

"알현 석상에서만 신부님을 만나 보았을 뿐이지만, 좋은 것을 느끼게 해준 영적인 만남이었음을 기억합니다. 신부님은 깊은 내적 생활이 드러나 보이는 겸손으로 우리 앞에서도 서 있기를 거절하여 무릎을 꿇고 있었습니다. 그분은 우리 시대의 경탄할 분들 중 한 분입니다"(교황 바오로 6세).

새 시대의 예언자
## 복자 알베리오네

지은이 : S. 라메라
옮긴이 : 박동옥
펴낸이 : 서영주
펴낸곳 : 성바오로
주소 : 서울특별시 강북구 오현로7길 20(미아동)
등록 : 7-93호 1992. 10. 6
교회인가 : 1981. 9. 9
1판 1쇄 : 1981. 9. 15
2판 1쇄 : 1993. 9. 25
3판 1쇄 : 2004. 12. 20
3판 6쇄 : 2014. 10. 23
SSP 728

취급처 : 성바오로보급소
전화 : 944--8300, 986--1361
팩스 : 986--1365
통신판매 : 945--2972
E-mail : bookclub@paolo.net
www.paolo.net
www.facebook.com/stpaulskr

값 6,000원
ISBN 978-89-8015-550-7